汇添富基金·世界资本经典译丛

华尔街传奇

［美］ 弗雷德里克·希尔 (Frederick Hill) 约翰·穆迪 (John Moody) 著

秦传安 译

上海财经大学出版社

图书在版编目(CIP)数据

华尔街传奇/(美)希尔(Hill F.),(美)穆迪(Moody,J.)著;秦传安译.—上海:上海财经大学出版社,2008.12
(世界资本经典译丛)
书名原文:The Story of a Street:A Narrative History of Wall Street From 1644 to 1908
ISBN 978-7-5642-0367-2/F·0367

Ⅰ.华… Ⅱ.①希… ②穆… ③秦… Ⅲ.金融市场-经济史-美国-1644～1908 Ⅳ.F837.129

中国版本图书馆CIP数据核字(2008)第165592号

□ 责任编辑 吴晓群
□ 封面设计 钱宇辰
□ 版式设计 孙国义

HUAERJIE CHUANQI
华 尔 街 传 奇

[美] 弗雷德里克·希尔(Frederick Hill) 约翰·穆迪(John Moody) 著
秦传安 译

上海财经大学出版社出版发行
(上海市武东路321号乙 邮编200434)
网 址:http://www.sufep.com
电子邮箱:webmaster@sufep.com
全国新华书店经销
上海市印刷七厂印刷
上海远大印务发展有限公司装订
2008年12月第1版 2009年4月第2次印刷

787mm×1092mm 1/16 13.5印张(插页:3) 221千字
印数:4 001—7 000 定价:26.00元

拨动琴弦

唱一首经典

资本脉络

在伦巴第和华尔街坚冷的墙体间，仍然

依稀可见

千百年后

人们依然会穿过泛黄的书架

取下

这些书简

就像我们今天，怀念

秦关汉月

大漠孤烟

……

汇添富基金·世界资本经典译丛
编辑委员会

总序

“世有非常之功,必待非常之人。”中国正在经历一个前所未有的投资大时代,无数投资者渴望着有机会感悟和学习顶尖投资大师的智慧。

有史以来最伟大的投资家,素有“股神”之称的巴菲特有句名言:成功的捷径是与成功者为伍!(It's simple to be a winner, work with winners!)

向成功者学习是成功的捷径,向投资大师学习则是投资成功的捷径。

巴菲特原来做了十年股票,当初的他也曾经到处打听消息,进行技术分析,买进卖出做短线,可结果却业绩平平。后来他学习了格雷厄姆的价值投资策略之后,投资业绩很快有了明显改善,他由衷地感叹道:“在大师门下学习几个小时的效果,远远胜过我自己过去十年里自以为是的天真思考。”

巴菲特不但学习了格雷厄姆的投资策略,还进一步吸收了费雪的投资策略,将二者完美地融合在一起。他称自己是“85%的格雷厄姆和15%的费雪”,他认为这正是自己成功的原因:“如果我只学习格雷厄姆一个人的思想,就不会像今天这么富有。”

可见,要想投资成功很简单,那就是:向成功的投资人学投资,而且要向尽可能多的杰出投资专家学投资。

源于这个想法,汇添富基金管理有限公司携手上海财经大学出版社,共同推出这套“汇添富基金·世界资本经典译丛”。开卷有益,本套丛书上及 1644 年的华尔街，时间跨度长达 300 余年，汇添富基金希望能够借此套丛书，向您展示投资专家的大师风采，让您领略投资世界中的卓绝风景。

在本套丛书的第一辑、第二辑里，我们为您奉献了《**伦巴第街**》、《**攻守兼备**》、《**价值平均策略**》、《**浮华时代**》、《**忠告**》、《**尖峰时刻**》、《**战胜标准普尔**》、《**伟大的事业**》、《**投资存亡战**》、《**黄金简史**》、《**华尔街的扑克牌**》、《**标准普尔选股指南**》、《**华尔街五十年**》、《**戈尔康达往事**》、《**铁血并购**》、《**先知先觉**》等 16 本讲述国外金融市场历史风云与投资大师深邃睿智的经典之作。而在此次推出的第三辑中，我们还将向您推荐 6 本同样具有震撼阅读效应的经典投资著作。

漫漫财富路，智慧最可贵。本辑丛书为广大投资者准备了一席精彩纷呈的投资智慧大餐。其中的《**共同基金必胜法则——聪明投资者的新策略**》一书作者约翰·C. 鲍格尔通过援引潘恩和格雷厄姆的著作，向人们说明了一个简单的道理：在长期内，要想获得最大可能的市场收益率，就必须降低买入和持有基金的成本。而基民要做的，就是购买运行成本低、没有或很少有佣金的基金，尤其是低成本的指数基金，然后持有尽可能长的一段时间。本书最大的启示就是投资者财富的变化与管理其财富的共同基金的治理结构是分不开的。共同基金的治理结构对个人投资者财富的影响的深刻见解是本书的最大卖点。《**智慧——菲利普·凯睿的投机艺术**》则涵盖了 20 世纪初在经济繁荣和经济萧条形势下的明智投资行为，汇聚了菲利普·凯睿投机型投资艺术理念的精髓，深入剖析了影响股价起落涨跌的各种因素，向投资者提出了恳切的忠告。作为传世之作，它属于历史，更属于当今经济形势下的股市投资者。阅读本书将是一个赢得智慧的过程，更是一个获得享受的过程。而《**投资游戏—— 一位散户的投资之旅**》一书记叙了作者约翰·罗斯查尔德亲身经历的、为时一年的一次投资之旅。作者以一个普通投资者的视角、尖锐而诙谐的笔触，深入而幽默地描写了散户投资者在追求财富时所遭遇的困境，从股本的筹集到股票的选择，从见识分析师和买方到对股票经纪人的认识，从如何预测到内幕消息的利用，内容涉及整个投资世界，包括其中的人物、机构、习俗和传说。

本辑丛书还继续为读者展示华尔街数百年来的传奇往事，演绎一代金融大亨的并购风云，解读应对熊市危机的生存法则。《**华尔街传奇**》由弗雷德里克·希尔和约翰·穆迪两位作者合作完成。本书上篇“华尔街故事”主要介绍从 1644 年至第一次世界大战的近 300 年间，华尔街如何从最初的一处牲口围栏演变成了世界的金融心脏，内容涉及美国历史上众多著名事件，譬如为争取出版自由的战斗，《独立宣言》的产生，独立革命的序幕，美国定都，华尔街由政治家的学校中心走向世界瞩目的经济中心，等等。下篇“资本大亨”主要刻画了在华尔街演变为世界金融中心的过程中几个资本大亨如何运筹帷幄、叱咤风云的传奇故事，譬如摩根财团的崛起，钢铁大亨的诞生，巨额融资的顶峰，华尔街与第一次世界大战的关系，等等。《**孤注一掷——罗伯特·康波并购风云录**》则生动地描绘了美国20世纪80年代的全国性并购热潮——新一代无所畏惧的企业家空手套白狼，以几乎不掏自己分文的方式赚到了数不尽的财富。加拿大房地产开发商罗伯特·康波借贷110亿美元先后收购了美国两大零售业百货公司——联盟百货和联邦百货，这一以小搏大的壮举使他从初至华尔街的无名小辈摇身变为美国顶级投行和经纪商趋之若鹜的“卓越价值客户”！并购产生的巨额佣金和贷款利息诱使经纪商和投行一步步陷入重复借贷的深渊，甚至不惜押上自己的所有资本。先凭借过度杠杆融资，再以出售被收购公司资产还债，最终导致原来运营良好的公司破产，康波并购案对零售业、垃圾债券市场等的负面影响远远超过大多数人的想象。该书最早于1991年出版，并于1992年、2000年再版。《**大熊市——危机市场生存与盈利法则**》一书对世界上历次不稳定的处于转折的危机市场进行了独特、深刻的解读，提供了关于在价格调整时如何获利(或至少减少损失)的建议。通过美国著名金融类畅销书作家罗斯查尔德诙谐、睿智的笔触，19世纪以来美国股市几次从空头转向多头的历史经验跃然纸上，相信所有的投资者，无论是新手还是专业人士，都会从中得到解读危机市场的丝丝线索。

投资者也许会问：我们向投资大师、投资历史学习投资真知后，如何在中国股市实践应用大师们的价值投资理念？

事实永远胜于雄辩。中国基金行业从创立至今始终坚持和实践价值投资与有效风险控制策略，相信我们十年来的追求探索已经在一定程度上回答了这个问题：

首先，中国基金行业成立十年来的投资业绩充分表明，在中国股市运用价值投资策略同样是非常有效的，同样能够显著地战胜市场。几年来我们旗下基金的优秀业绩，就是最好的证明之一。价值投资最基本的安全边际原则是永恒不变的，坚守价值投资，肯定会有良好的长期回报。

其次，我们的经历还表明，在中国股市运用价值投资策略，必须结合中国股市以及中国上市公司的实际情况，做到理论与实际相结合，勇于创新。事实上，作为价值型基金经理人的彼得·林奇，也是在反思传统价值投资分析方法的基础上，推陈出新，才取得了超越前人的业绩的。

最后，有一点需要强调的是，我们比巴菲特、彼得·林奇等人更加幸运的是，我们有中国经济持续快速稳定发展这样一个良好的大环境，我们有一个经过改革后基本面发生巨大变化的证券市场，我们有一批成长非常快速的优秀上市公司，这将使我们拥有更多、更好的投资机会。

我们有理由坚信，只要坚持基于深入基本面分析的价值投资理念，不断积累经验和总结教训，不断完善和提高自己，中国基金行业必将能为投资者创造长期稳定的较好的投资回报。

“他山之石，可以攻玉。”十余年前，当我在上海财经大学读书的时候，也曾经阅读过大量海外经典投资书籍，获益匪浅。今天，我们和上海财经大学出版社一起，精挑细选了上述这些书籍，力求使投资者能够对一个多世纪的西方资本市场发展窥斑见豹，有所感悟；而其中的正反两方面的经验与教训，亦可为我所鉴，或成为成功投资的指南，或成为风险教育的反面教材。

“冬天已经到了，春天还会远吗。”本辑资本经典译丛出版之际，国内证券市场正经历着自 2007 年底以来牛熊转换的剧烈阵痛。冬寒刺骨，阴风凛冽，投资者信心严重受挫。“天涯也有江南信，梅破知春近。”相信本辑丛书的顺利推出，将会为投资者带来严冬之际的缕缕馨香和点点春意。面对熊市，投资信心与智慧不可或缺，须知熊市肆虐之时，牛市亦非久远矣。

“辉煌源于价值，艰巨在于漫长。”对于投资者来说，注重投资内在价值，精心挑选稳健的投资品种，进行长期投资，将会比花心思去预测市场走向、揣测指数高低更为务实和有意义得多。当今中国正处在一个高速发展的黄金时期，站在东方大国崛起的高度，不妨看淡指数，让自己的心态从容超越股市指数的短期涨跌，让我们一起从容分享中国资本市场的美好未来。在此，汇添富基金期待着与广大投资者一起，伴随着中国证券市场和中国基金业的不断发展，迎来更加辉煌灿烂的明天！

张　晖

汇添富基金管理有限公司投资总监

2008 年 12 月 28 日

目录

下篇　资本大亨
——华尔街纪事

上篇　华尔街的故事

第一章　牲口护栏

1644年3月31日早晨，人们可以看到一个秘书模样的人，正站在新阿姆斯特丹城那座颓败不堪的要塞门口，手里拿着一摞公文。这个初春的早晨，展现在他面前的，可不是一幅令人愉快的景色：胡乱搭建的木头房子散落在要塞的四周，一副饱经风霜的样子，看上去实在叫人伤心；修得马虎潦草的大小通路横七竖八，好歹算是街道了，五花八门的垃圾和废弃物堆得到处都是，泥泞足以淹没脚踝。就连东河岸边那家新建的石头酒馆，还有比它更新的石头教堂[这些结实的建筑最近为约翰(John)与理查德·奥格登(Richard Ogden)赢得了一项优秀建筑师奖]，也完全是一副脏兮兮的样子。肮脏的雪堆，塞满了建筑物阶梯式山墙的每一级台阶，雪正在融化，脏水滴滴答答，就像浑浊的眼泪，给它们悲惨戚戚的外表添上了最后的一笔。任何地方都看不到一丝欢快舒心的迹象。街道的路面没有铺砌，几乎是一片荒凉，只有几个闷闷不乐的闲汉在路边无所事事地溜达，默不作声地注视着那些饥饿的猪拱动路上的垃圾，或者在泥泞的墙脚下东嗅西闻，寻觅食物。要塞的北面，一架东倒西歪的风车倒是显示出了几分活力，在来自海湾的阵风之下发出呼呼作响的呻吟，但它猛烈地扭曲着，这让生锈的风标旋转起来反复无常，也使得它的努力显得白费力气，远远不能抵消面前这幅场景那令人压抑的荒凉。

不过，此人并没有把时间浪费在打量这些令人扫兴的环境上。面前的这一切，他再熟悉不过了，每个细节都了如指掌。许多年来，科内利

新阿姆斯特丹，纽约的前身

斯·范·田赫文(Cornelis Van Tienhoven)一直担任新阿姆斯特丹市参议会的秘书，镇上的恶劣环境，即便曾经让他心烦意乱的话，如今也早已不再吸引他丝毫的关注了。他毫不理会眼前的景色，缓慢地转过身，将一张公文钉在要塞的墙上，然后小心翼翼地择路而行，穿过泥泞的地面，走到附近的一棵树旁，将另一张公文钉了上去。稀稀拉拉的几位看客，带着一种不加掩饰的懊恼，凑上前去观看。因为政府所传递的信息，一般不大可能给这块狭小的荷兰殖民地增加什么福祉。相反，它们通常预示着某项新增的税负，或者在总督大人威廉·凯夫特(Willem Kieft)的手上，他们的某项特权又要被剥夺。凯夫特在新阿姆斯特丹的 6 年暴政，已经教会了人们懂得：要带着绝对的恐惧去看待他的公告。然而，尽管这些公告颇不受欢迎，但过去的经验却告诉这里的居民，对它们置之不理亦非明智之举。因此，当田赫文刚刚张贴完布告，人们便开始从他们的房子里懒洋洋地走出来，聚集到临时公告栏前。每群人里都有个把粗通文墨之辈，向他们解释公告上的内容。

田赫文的笔迹很容易辨认。事实上，漂亮的书法是他能够在办公室里不断炫耀的惟一资本，但这一优点，却丝毫不能使他获得老百姓的喜爱，他们憎恨他的手书过于清楚。不过，那天早晨他所抄录的这份布告却有点特别，它异乎寻常地没有引起众怒。这份公告仅仅只是陈述了总督与新尼德兰参议会的一个决定：要在这块殖民地的北面竖起一道栅栏，而且要足够结实，以防止牲口走失，同时保护这里免遭印第安人的侵扰。告示“劝诫”所有利益相关者在“下周一，也就是4月4日的早晨7:00”都出来从事这项工作。从总督大人那里，大概还从未发布过比这更通情达理的要求了，它无疑暗示了一扇坚固大门的关闭，虽说姗姗来迟。在他的前任范·特威勒(Van Twiller)执政期间，几乎所有殖民地内的牲口最后都神秘地消失不见了，而且，人们吃惊地发现，这位前任总督最近修建的畜棚里补充了一大群家畜，人们有理由怀疑，一些下落不明的畜群可能是走失到他那儿去了。无论如何，凯夫特是这个世界上调查此类踪迹的最终人选，因为那年头的总督们都有很高的“威望”，而这位“暴躁的威廉”，虽说在别的方面乏善可陈，但绝对信奉“见到什么拿什么”的原则。事实上，确有传闻说，他对这一信念的恪守，正是造成他从荷兰移居此地的原因。当年，他的肖像被悬挂在绞刑架上，以证明他的破产，针对他盗用信用基金的一纸控告，将绞索升上了他的头顶。这些故事或许是他的死对头们杜撰的，但话说回来，就他作为总督的所作所为而言，确实没有什么他羞于去做的事情。他在卑劣怯懦和肆意残暴方面的记录，还没有被人打破过。在1644年，究竟是印第安人还是荷兰人更有理由憎恨这位西印度公司的代理人，还真是个不容易说得清楚的问题。不过，无论答案是什么，上述二者对他的恐惧倒是并无不同，在服从他的法令上，谁也不敢怠慢。

牲口护栏，华尔街的前身

因此，很快，在殖民地居民的辛苦劳作之下，计划中的牲口护栏在短短几天之内就树立起来了。关于它是如何构筑的，尚未有任何权威的材料记载，不过有足够的证据表明：它主要是在毗邻的森林边上砍倒一些树木，然后堆在一起形成一道路障。而它的北界，实际上是从现在的威廉街一直到如今的百老汇（很可能是沿着海岸），标志着新阿姆斯特丹那时候的最远边界。这条边界，实际上决定了华尔街的位置。

这就是西半球那条举世闻名的大街最初的发祥地，那片为它最早的界碑提供了原材料的森林，无疑也为阿德里安·布洛克（Adrian Block）[1]的那艘“不息”号货船提供了木材（对于第一艘从曼哈顿岛下水的轮船来说，“不息”号这个名字真是再合适不过了），也预示着那条最具历史意义的大街就此诞生。

〔1〕 阿德里安·布洛克，布洛克岛的发现者。

第二章　和平时期

凯夫特总督并不比他那排拙陋的栏门围栏的寿命更长，在它完工大约3年之后，殖民地来了一位新总督，接替了他的位置。新总督的出场伴随着真正的王家礼仪，其举止风度和身体外貌使人联想到王者气派。不过新阿姆斯特丹的居民很快发现，突然出现在他们面前的这位显贵，尽管穿着很有派头的天鹅绒夹克，袖子上开着叉，衣领宽大而下垂，华美的开衩长筒袜一直罩到膝盖上，再用一条花里胡哨的带子打了一个结，鞋子上装饰着硕大、鲜艳的玫瑰花结，但他对皇室专用的紫色，却也不敢放肆。事实上，在踏上自己这块新领地的海岸不久，他那条镶着银边的木制假腿便戳遍了这块土地，把鼻子伸到各种稀奇古怪的角落，用毫不含混的语气下令进行一次全面清扫。彼得·斯特伊弗桑特(Pieter Stuyvesant)的残暴毋庸置疑，不过他的统治倒也算得上是一位仁慈暴君的统治，他确信自己知道臣民们需要什么——甚至比他们自己更清楚——并决定让他们拥有它，也不管他们愿意还是不愿意。在他专横跋扈的家长式统治之下，新阿姆斯特丹的环境大为改观。

那时候，曼哈顿岛的南端比今天要狭小很多，珍珠街是它的东部边界，仅有几英尺草地把百老汇与北河分隔开来。在这狭小的范围内，以及所谓“栅栏”的南侧，在斯特伊弗桑特上任不到10年的时间里，有了将近200所房子，居住着差不多2 000名房客。17条界线明确的街道已经清晰可见，而且，多亏了这位脾气暴躁的总督干劲十足，街道都相当干净。那些房子

彼得·斯特伊弗桑特(1592～1672),新阿姆斯特丹最后一任荷兰总督(1647～1664)

大部分是粗制滥造的木质建筑,但也有一些更结实的房子,用五颜六色的釉面砖装饰成方格形图案,显得卓尔不群,铁制的数字标示着建筑的日期,就连粗陋的屋顶上也支着一个风信标作为装饰。此外,几乎每幢房子都有一片生机勃勃的小花园。即使这座小镇的普遍风貌并不像人们有时候描绘的那么整齐清洁,那也不能说是这位不知疲倦的统治者的过失,因为,自从踏上这块土地的那一刻起,他就不停地向他的百姓大声疾呼、申斥责骂、威逼利诱、低声恳求。与此同时,这一地区的商业(在凯夫特那些损失惨重的印第安战争中几乎被摧毁殆尽),逐渐得以恢复。6 年的和平时期,水边的码头见证了日益活跃的商业生机,荷兰商人的天性表现出了极好的优势。就在这个时候,联邦各省与英国之间敌对行动的消息,转移了斯特伊弗桑特在市政事务方面的注意力,他跃跃欲试,打算要展示一番自己的军事天才。不过,关于他这方面的才能究竟如何,权威的意见一直莫衷一是。然而,不管当年在圣马丁的时候他是不是英雄,他那条木制假腿总可以证明:至少他曾经出生入死。在 1653 年,当他的领地面临着敌人威胁的时候，他果然临危不乱、应付自如。事实上，他表现出了勇往直前的气概和不屈不挠的精神，以至于居然成功地鼓舞了新阿姆斯特丹那些并不十分爱国的市民，促使他们迅速采取行动，以惊人的速度做好了保家卫国的准备。1653年3月13日，聚集起来的长官和参议员们，为了保卫进入这座城市的通道，日日夜夜地组织巡逻。他们命令货船的船长发挥海军的作用，改变航向，装载枪炮，准备应付任何可能出现的紧急情况。他们还建议重修要塞，决心要"用更高的围墙和小一些的临时工事，在更大的范围内把这座城市围起来，以便在必要的时候把所有居民撤到防线之后，尽可能地保护他们的人身和财产免遭攻击"。

所有这些计划在那天的晨会上就决定了下来，到了下午，一笔相当可观的防卫基金就募集完毕。事实上，两天之前就批准成立了一个三人委员会，并及时地得到了授权，负责管理新工事的修建。这个委员会的成员着手履行职责时的干劲是如此饱满，以至于在他们做出决定后的几个小时之内，下面的布告[1]就被张贴出来，以公告周知：

公　告

本委员会受总督、市参议会及本城治安官的委派，接受了一项艰巨的任务：以12～13英尺长的栅栏将本城围隔起来。任何愿意承担此项工作的人，可在下周二午后至市政厅，听取相关情况介绍。敬请垂注。

谨此公告。

1653年3月15日

希互相转告为盼。

这期间，斯特伊弗桑特沿着凯夫特那条老牲口护栏一瘸一拐地巡视，为新栅栏寻找有利的位置。此时，这匹老战犬的脑海里，想必浮现出了一幅勇敢的画面：盛装华服，腰佩宝剑，手握钢刀。视察完场地之后，他向手忙脚乱的委员会建议：新的防御工事应该建在老护栏以南的40～50英尺处，几乎和它平行。委员会采纳了这一建议——它决定了华尔街的南界。

〔1〕《新阿姆斯特丹档案》(*Records of New Amsterdam*)，第一卷，第69页。

第三章　栅　栏

三位委员——拉·蒙塔格内(La Montagne)、比克曼(Beeckman)和沃尔弗特森(Wolfertsen)——尽管很积极,但他们也没法立即公布他们的计划,不过,在指定的接受投标的那个日子之前,合同竞标人都得到了巨细无遗的说明书。计划中的栅栏共180根栅栏杆(总长2 340英尺),从东河(珍珠街)开始,直穿曼哈顿岛,环绕德·赫尔·格拉夫特(De Heere Graft,这条名字不吉利的运河后来成了宽街),径直通过如今的三一教堂,至北河附近的一条斜坡,这条斜坡提供了一道天然屏障。栅栏将用圆木柱来构造,高12英尺,周长18英寸,顶部削尖,排成一行,每隔一段距离插入更大的圆木柱,横杆被钉在这些大木柱顶部以下两英尺。还打算修建一堵斜坡胸墙、一条壕沟和一个阅兵场,唯恐细心的委员们所提出的所有细枝末节还不够充分,他们还起草了上述整个工事的计划,并把它写入行政官和参议员的记录中。这些材料一直保存至今,对于他们的周全思考和积极热情,这是一份很好的纪念。[1]

投标振奋人心地踊跃,不下4位竞争者进入了候选名单,最后成功的竞标者是托马斯·巴克斯特(Tomas Bacxter),有人暗示,他后来作为一名海盗的职业生涯或许是受到这次成功的激励。但不管怎样,我们从官方记

〔1〕《新阿姆斯特丹档案》,第一卷,第72页。

录中得知，他得到了一些“上好的”贝壳（当时是这一地区的硬币）[1]，工程造价分为下列各项：

1 404 块厚木板（每块 1.5 弗罗林）	2 106 弗罗林
340 根木柱	304 弗罗林
钉子	100 弗罗林
运输	120 弗罗林
安装及木工工资	500 弗罗林

或者说，总造价约合 1 300 美元，从上述可以看出，即使在那时，“安装费”也是市政工程承包人预算中的一个重头项目。巴克斯特大约用了 6 周的时间完成他的工作，但看来似乎并没有敌人来检验它的抵抗能力，行政官和参议员的热情迅速衰退，不管斯特伊弗桑特怎样心急火燎地提出抗议，修复要塞的工作还是被完全置之不理。事实上，当支付栅栏、壕沟与胸墙的工程款的问题被提交给行政官和参议员的时候，他们断然宣布，西印度公司必须保卫它自己的财产，而不应让市民掏腰包，并且说，除非斯特伊弗桑特放弃向居民征收消费税并把由此而得到的收入上交市财政，否则他们绝不会从这一立场后退半步。这一巧妙的商业招术无疑是华尔街的第一次金融胜利。

这一事件大约过去两年之后，斯特伊弗桑特对特拉华瑞典人殖民地的袭击，以及印第安人对霍波肯、帕法尼亚和斯塔滕岛的进攻，导致本市大佬们再一次关注他们的防御工事，因为有人发现，大约有 65 根栅栏杆被人砍去做柴火了，整个工事的其他地方也都颓败不堪，修修补补无济于事，大面积重建变得不可避免。大概就是在这一时期，一份所谓的“公爵计划”[2]上所显示的 5 座堡垒被修建起来了。这些都是小堡垒，架设了两门火炮，其中一座木质堡垒就在如今汉诺威街的街口；另一座位于如今的华尔街 44 号，正好在威廉街的西边；第三座堡垒耸立的地方，是如今国库分库的一部分；第四座堡垒控制着华尔街 4 号；最后一座堡垒所控制的地方，后来成了三一教堂的院子，离现存教堂的后背只有一步之遥。[3] 除了这些强

[1] 贝壳（或称“魔鬼的货币”）的价值取决于品质，并受法律（1650 年 5 月 30 日颁布的法令）的管制。

[2] 参见纽约历史协会所藏的副本。

[3] 英尼斯，《新阿姆斯特丹及其居民》（*New Amsterdam and its People*），第 272 页。

昔日的牲口护栏如今被改造成了整齐的栅栏。

大的火炮之外，在栅栏的尖端之上还钉了一排10～12英尺高的木板从而形成一道屏障，旨在防止印第安人攀过栅栏，这些措施进一步增强了它的防御能力。但依然没有敌人出现，市民们的战斗热情再一次衰退了。没过多久，人们修起了两个入口，以方便市民与偏远乡村的农民交流沟通。这两个入口当中，一个被称为"陆门"，位于百老汇；另一个被称为"水门"，所穿过的地方当时是河道(如今的珍珠街)。多少还算和平的9个年头过去了，通过这两个狭窄的缝隙涌入的贸易流持续稳定地增长着。接下来，关于战争的谣言导致它们再一次被关闭和封锁。[1]

像1653年一样，这一次威胁本城的又是英国人，不过并没有宣战，斯特伊弗桑特再一次成功地把居民们的注意力从生意兴隆的快乐转移到了不大赚钱的爱国职责上来。从1664年8月29日到9月2日，这位干劲十足的总督(当时已经72岁)心急如焚地沿着那条栅栏，一瘸一拐、步履蹒跚地来回巡视，激励并呵斥工人们在炎炎烈日下修补防御工事。但人们的爱

〔1〕 大约在这一时期(1655～1656)，珍珠街的居民们因为潮汐而感到很不方便，便竖起一堵海墙，并把这堵墙与他们的房子之间的空间填平了，把它弄成了一条被称为"德·瓦尔"的车道，粗心的研究者总是把这条路跟华尔街搞混了，他们的错误导致了某些令人惊讶的"历史"。

国精神严重不足，大多数劳动都是由黑奴来完成的，而他们的主人很不愿意让他们出力。事实上，关于这位英勇老将企图唤起市民们抵抗的最后努力，确实有某些令人同情之处。许多年后，总有一些眼睛和耳朵都很正常的人信誓旦旦地声称：某天晚上看到了老总督的身影，骄傲地大步穿过华尔街，忧心如焚地视察那些早已消失不见的工事，而且，依然能听到他的手杖和银鞋跟的声音在幽深的砖石小巷里发出清晰的回声。

斯特伊弗桑特总督尽管脾气火暴，但对纽约城的发展却功不可没。

然而，即使得不到人们的支持，斯特伊弗桑特还是设法让他的那些一肚子不情愿的工人继续干活，直到不幸的消息传来：约克公爵（Duke of York）的舰队已经到达海港，舰队指挥官提出了立即投降的慷慨条款。于是，挖壕的工具被抛到一旁，不管总督大人怎么恳求和抗议，老百姓居然欢迎起入侵者来。毫无疑问，抵抗是徒劳的，向这帮跟海盗没什么两样的家伙屈服才是明智之举。但是，这位荷兰勇士的孤独身影，依然威武不屈地站立在他的大炮旁边，而那群谨小慎微的商人则张口结舌地看着来自炮台公园的敌人，这二者之间总是形成鲜明的对照，让人不由得怀疑那句“谨慎优于勇敢”的格言。

第四章　最初的经营者

这座在斯特伊弗桑特统治时期发展起来的城市，就这样轻而易举地落入了皇家海盗约克公爵之手。新任总督理查德·尼科尔斯(Richard Nicolls)上校发现在城里有220多座房子，居民超过1 400人，在那片打算用来在栅栏后面部署军队的阅兵场对面，至少有10幢住宅，住户有一个零售商、一个羊毛纺织工、一个烟囱清扫工、一个酒店侍者、一个磨坊主及其他类似阶层的值得尊敬的市民。事实上，那位零售商的房子是1656年建成的，其坐落的地方就是最近被海关[1]弃置的场地的一部分，推测起来，那大概是华尔街的第一幢房子。

尼科尔斯并没有试图对这座城市(当时已改名纽约)的行政管理进行人心惶惶的改革，至于他是否对投降那年修筑的栅栏进行过变更，也很难说。然而，不管怎样，城里最初的5座堡垒中，有4座大约在这一时期消失了，只有位于如今的华尔街44号的那一座依然完好如初。这座所谓的堡垒实际上一直保持这种状况，时间长达9年，当纽约城再度易手的时候，没费什么劲，它就重新成为原先拥有者的领地。

这一次的占领是在战争时期完成的，海军上将埃弗森(Evertsen)和本克斯(Benckes)趁着拉夫罗斯(Lovelace)总督不在的时候平静地驶进了纽约港，安东尼·科尔瓦(Anthony Colve)船长大约在如今公园广场的脚

[1] 如今的花旗银行大楼。

水门，位于华尔街尽头

下登陆上岸，占领了这座城市，颁布了军事管制法。这位军事行政长官的第一步行动，就是要摧毁刚好在栅栏外面竖立起来的建筑物，接下来，他重修了栅栏的西线，使它折转向南，几乎沿着现在的雷克特街。他还禁止所有人非经城门不得出入这座城市[1]，违者处死，那些通道在黄昏之后被严令关闭。所有这些事情，都发生在1674年春天之前，不到12个月的时间，根据英国与荷兰签订的和平协议，纽约城再一次回到了英国人的手里。

卷土重来的英国人发现，城市明显比他们印象中的要大，并且正稳步地向北边的栅栏逼近。如今足足有17幢房子面对着那片紧挨着栅栏并与之平行的阅兵场，它100英尺的宽度提供了一片十分诱人的临街空地，诱使人们在这里建起了至少1幢一流的房子、1幢二流的房子和7幢三流的房子，让人预见到这一条宽阔大道的前景——这一前景注定要化为泡影。

在此期间，栅栏（它的实际寿命比使用寿命要长得多）经过反复修补，直至1685年，紧挨着栅栏北面的那块地成了一次声名狼藉的投机买卖所

〔1〕这两座堡垒分别被称为"霍兰迪亚"和"热兰迪亚"，城门分别位于百老汇和"施密特河"。

托马斯·唐甘(1634～1715),纽约总督(1682～1688)

炒作的对象,给未来的大道造成了不可挽回的损害。托马斯·唐甘(Thomas Dongan)大人是当时的皇家总督,他敏锐的眼睛很少放过任何有利的机会,他很快就发现了这片地产的商业价值。事实上,他所处的职位能够对这块地的价值产生实质的影响,即使说他没有最大限度地利用他的机会,那我们也不得不承认:他已经尽力而为了。通过一位"傀儡"买主、他的一位正式职员约翰·奈特(John Knight)船长的代理,他神不知鬼不觉地从达门庄园获得了一片位于那堵墙前面的狭长地带,长1 000英尺,宽80英尺,外加卖主在墙后面所拥有的所有权利、所有权和利益,他们以及所有其他人都认定这块地会变成公用通道。然而,这笔生意安全成交后的第二天,唐甘便命令一个名叫伦纳德·比克维斯(Leonard Beckwith)的人去测量那堵墙,并正式确立新街道的位置,这位测量员干起活来如此雷厉风行,以至于不到24个小时,他就送回了一份报告,定下的街道宽度不是100英尺,而是60英尺,可真够快的!于是,唐甘的那片80英尺宽的土地,变成了124英尺宽。通过这一次金融花招,这位皇家总督赢得了华尔街上第一位经由一条狭路(即使不是直路)实现空手套白狼的内幕交易者的名声。[1]

〔1〕 奈特船长通过一份签署日期为1685年12月14日的契约取得了所有权;为比克维斯的测量所颁发的授权状,签署日期为1685年12月15日;他的测量完成于1685年12月16日。奈特给唐甘的转让契约显然签署于他获得所有权之前(1685年3月9日),但在接下来的3年时间里,总督大人并没有登记这份法律文书。

第五章　基德船长及其他海盗

3年以后，唐甘再次把注意力转向了华尔街，他任命了几位委员，让他们负责对栅栏做一次官方检查，并向他通报栅栏的状况。这次检查的结果形成了一份报告，报告显示：水门与炮台都已经成为废墟，陆门正摇摇欲坠，围栏要么是东倒西歪，要么已经彻底倒伏，地面上甚至立下了一些准备建房的桩标。然而，对最后一项事实，唐甘想必已经得到了更为详细的通报，因为他当时正热火朝天地销售他那块来路可疑的地产。通过一系列稀奇古怪的事件（正如记录中所揭示的），他的一小块地落入了一位绅士之手，这位先生的丰功伟绩，在诗歌和散文中被讲述了200多年。

这块历史上有名的土地（它的一部分就是如今的华尔街56号）位于现今汉诺威街街口的对面，布朗是最初的购买者。布朗几乎立即就把他的地契转卖给了一位远近闻名的市民，此人名叫威廉·科克斯（William Cox），他的妻子莎拉（Sarah）（娘家姓布拉德利，Bradley）注定要比他更有名。据说，在获得这块土地不久，科克斯便在那里建了一幢房子，如果真是这样，那么这幢建筑就是华尔街北侧竖起的第一幢房子了。然而，1689年，科克斯死掉了，死亡原因后来被证明对那条大街上的很多居民都是致命的，因为他的死亡报告称：他“吸收了太多的水”。莎拉继承了他的财产之后，立刻便嫁给一个名叫约翰·奥特（John Oort）的人。这位仁兄如此迅速地沦为她迷人魅力的牺牲品，以至于她很快就拿到了遗产管理证书，时间是1691年5月15日。第二天，莎拉便嫁给了未来的海盗威廉·基德船长，基

水边码头区

德因此成为华尔街最早的业主之一——100多年来，人们一直在这个地方寻宝。[1]

但在17世纪末，基德船长并不是惟一一个闻名纽约的海盗。事实上，这座小城有一茬接一茬的无赖总督，人口也是鱼龙混杂(他们当中有很多都是热爱冒险的商人，任何钱都敢赚)。许多年来，这里一直是海上浪子们最喜欢出没的地方，不仅在华尔街，而且在整个小城，人们都熟悉他们华丽的外表。他们在城里跟某些有胆识的市民所做的秘密交易，为很多现存的财富奠定了基础。

在此期间，栅栏依然幸存着，据说英国人第一次检查栅栏的时候忍不住加以嘲笑。就算这是真的，他们到底还是把这个笑柄维持了很长时间，因为在1692年——唐甘让人测量街道7年之后——它再一次得到了修补，结实的石头堡垒被竖立在威廉街和百老汇炮台的位置上。3年后，刚好在街道被部分铺砌之后，又进行了更多的修缮。事实上，一位同时代的

〔1〕 基德船长的住处在珍珠街。他还拥有松树街25号至29号(先前是范·田赫文的)。在他死后，他那位多次结婚的寡妇又成了克里斯托弗·罗斯比(Christopher Rousby)的妻子，而莎拉和她最后一任丈夫担心基德的海盗嫌疑会导致他的财产被没收，于是便把他曾经享有权益的所有土地转让给了当时的总督科恩伯里子爵(Viscount Cornbury)，并接受了他以安妮女王(Queen Anne)的名义颁发的一份契约，给予了他们被基德的"事业"给弄得不明不白的所有权。

历史学家曾评论道:这堵墙的维护,前后花掉了大约8 000英镑。并且,他把这堵墙描述为"一座蠢行的纪念碑"。然而尽管如此,直到1699年,才有一个市民委员会通过市议会向总督大人请愿,要求把这堵墙作为障碍拆除,并利用拆下来的石块修建新的市政厅。

于是,这堵墙的末日到来了,这个曾使得纽约成为一座围城的古老地标,终于消失了。新出现的大道,几乎立即就成了名流要人们常去的胜地,在这个场景上,一些戏剧性的事件上演了将近一百年,它的故事,为美国历史提供了独一无二的注脚。

第六章　街道成形

假如基德船长在他成为华尔街最早业主大约三四十年之后故地重游的话，他会发现这里早已面目全非，周围的一切都已变得陌生，要想从任何外部证据认识这条大道的尊贵和重要性，那是根本不可能的。事实上，在1734年，华尔街的样子明显很粗糙，一点也不引人注目。在它的东端，长岛渡口的前面建了一个很不牢固的谷物市场，这里所交易的商品是玉米之类的东西，不过还有更赚钱的黑奴买卖作为补充，每天都有黑奴被展示在市场的看台上，为的是方便那些想要购买、售卖或租用这种商品的人。在这个声名狼藉的市场的两侧，各伸出一条由一些低劣的小木房子所组成的虚线，一直向西延伸到威廉街。从那里开始，景色逐渐有所改善，在百老汇街的尽头是一些外表整洁迷人的建筑，但在北边，除了四幢完全不同的建筑之外，依然是空荡荡的。这四幢建筑中的第一幢，位于威廉街与华尔街的西北拐角上，是酒馆老板加布里埃尔·汤普森(Gabriel Thompson)的财产，在这幢房子的另一边，隐约出现了一个巨大的谷仓样的东西，是贝亚德家族在1729年修建起来的，他们把这玩意儿称为"精炼糖的秘密"——华尔街至今都没有完全看穿这个秘密。在这家粗糙的工厂的旁边，耸立着曼哈顿岛上最自命不凡的建筑——市政厅，它的地基是用从老栅栏的堡垒上拆下来的石头筑成的。再过去，差不多紧挨着市政厅，是长老会教堂，一幢结结实实的砖建筑，在街的尽头(位于百老汇)，蹲伏着一座丑陋难看的正方形小木质建筑，它那高得不成比例的尖塔自1696年以来就一直庇护着

谷物市场

三一教堂的会众。

这就是华尔街的情形，它在不到半个世纪的时间里，就在这座如今自吹将近一万人口的城市里获得了超越所有别的大街的政治优势——即使不是社会优势的话。对于这一结果，最有力的影响当然是它被选为市政厅的所在地，因为那幢建筑不仅是政府的所在地，而且是社会的中心。那年头的纽约城，是由一位贵族统治的，他的首肯就是法律，并开风气之先。三一教堂的存在，同样给了这条街道以某种社会威望，因为它几乎立即就成了半官方的礼拜场所，其中有几个座位是专门给市长、首席法官、市议员及其他显要人物保留的。它的教区居民名单上，包括许多社区中最显赫的人物。事实上，当德·佩斯特(De Peyster)先生与贝亚德(Bayard)先生(他们购买了北面临街空地上唐甘总督那片来路可疑的地产中的绝大部分)允许长老会获得一片宽阔的立足之地的时候，实际上本城所有的精神权力和世俗权力都集中在了这条狭窄而不讨人喜欢的大道上。在这样的环境下，出现下面的情形也就丝毫不足为怪了：富有的家庭很快就开始把他们舒适的住宅建在教堂的附近，商业和金融交易所沿着老运河的旧址簇拥成群，挤满了通向市政厅的每一台阶，而市政厅则成了几乎所有与这座新兴城市的早期历史密切相关的事件的现场。

正如最初所计划的那样，市政厅远非建筑学的胜利，但它的确威严而宽敞，提供了一间法庭、一间陪审员室、一个市议会议院、一座监狱、一家图书馆[1]，以及一间债务人监狱，更不消说还有保留给消防队的空间，他们的供水部分来自于华尔街的两眼水井。这幢宽敞建筑的外观相当简单，它的造价不到4 000英镑，贝罗蒙特伯爵(Earl of Bellmont)把它视为自己当政的一座纪念碑，以至于让人把自己的和副总督的盾形纹章装饰在它的墙上。然而，这一独有的装饰上的努力，没过几年，当伯爵变得不受欢迎的时候，就被人给毁掉了，此后再也没人进行过装饰上的努力，直到1715年，斯蒂芬·德兰西(Stephen De Lancey)自己掏钱，竖起了一座精心制作的圆屋顶，包含一座带有四面坚固钟盘的时钟。

在市政厅对面，紧挨着宽街的街口，立着囚笼、颈手枷、足枷和鞭刑柱，每天都能看到这些刑具的受害者，提醒市民们不要忘记位于政府所在地的严酷的法律部门。事实上，华尔街也没少见证过其他丑陋形式的惩罚性审判，因为犯错的奴隶常常被游街，在这条大街上来来往往，在每个街角上都要受到固定数量的鞭打，尽管没有记录表明在这条街上执行过死刑，但在

市政厅与长老会教堂

〔1〕 这家图书馆是我们所知道的纽约第一家图书馆，它包括约翰·米灵顿(John Millington)牧师在1728年前后直接遗赠的1 642册图书，后来又加上了约翰·夏普(John Sharp)牧师的藏书，全部藏书组成了“团体图书馆”，最后形成了现在的“纽约社会图书馆”。

市政厅里发生的第一场涉及叛国指控的重要审判，对该项犯罪的惩罚就是处以死刑。

这场著名诉讼中的被告，就是尼古拉斯·贝亚德(Nicholas Bayard)上校，审判记录表明，纽约根本用不着学习母国的秘密法庭的方法，因为自始至终没有哪个案子比这场审判执行得更暴虐了，它最终导致那位著名的囚犯被定罪。起诉贝亚德的根据压根就站不住脚，指控基于一份批评政府的请愿书，多年的政治斗争所引发的全部怨恨，都在对他的起诉中得以表达。不仅是法官和首席检察官倾向于给他定罪，而且就连陪审团也是为了确保这一结果而特意挑选的——其中一位陪审团成员跟主审法官有关系，其他成员也几乎同样不合格。在这样的环境下，辩护实际上是徒劳的。在群情激昂的现场(无论法庭内外)，陪审团递交了有罪裁定，罪犯被判绞刑。然而，华尔街到底还是没能见证这场合法的谋杀，因为所谓的招供是从罪犯(他后来被释放了)那里逼供来的，他的释放给这个政治捉弄法律的笑柄画上了句号。

第七章　在华尔街的颈手枷旁

尽管有公认的声望和明显的优势，但在 1734 年 11 月 6 日的正午，很少有迹象表明华尔街的繁荣，也看不出它有多时髦。事实上，很难想象世界上还有比它更寂静、更荒凉的大街。没有一辆马车隆隆驶过它那用圆石铺砌的路面，没有一个行人在活动，街上的房子也死气沉沉。实际上，整个街道上，从水边码头区到三一教堂，似乎只有两个人，站在市政厅对面宽街街口的那几具颈手枷、鞭刑柱、足枷和囚笼的旁边。这两个孤零零的家伙，其中一位是社区里一个颇有地位的人——首席法官弗朗西斯·哈里森(Francis Harrison)。他的出场，预示着一场非常重要的公共集会，因为哈里森是一位高贵的绅士，只有国家事务才需要他来履行自己的职责。他开始用洪亮的声音宣读手里的那份文件，这证明了他是以官方身份出席的。然而，眼下除了站在他身边的那位黑奴之外，可敬的首席法官看上去似乎没有其他的听众。不过，就在他快要结束的时候，几个军官从乔治堡的方向漫步走上了宽街，他们停了下来，想见识见识这个对着空荡荡的大街宣读公告的特殊场合。的确，正像首席法官的态度所表明的那样，这个场合庄严肃穆，他正以中规中矩的形式和礼仪宣读一份市议会的命令。这份命令的签署日期是 1734 年 10 月 17 日，说的是一个名叫约翰·彼得·曾格(John Peter Zenger)的人如何如何创办、印刷了一份被称为《纽约每周杂志》(*New York Weekly Journal*)的报纸，并在报纸上公布了政府与科斯比总督大人的种种坏事；总督因此做出裁决：上述报纸的某几期(7 号、47 号、

美国历史上的第一场言论自由之战就是从这里开始的。

48 号和 49 号)[1],应该在颈手枷旁经由绞刑吏或鞭刑吏之手焚烧,作为对作者以及其他恶毒之人的公开警告,出版者应该为他的报纸上的有害内容而被及时起诉。然而所有这一切,都不足以让人们把那位可怜巴巴的听众跟当前的事态联系起来。科斯比总督最近在《纽约每周杂志》的案子上跟地方行政机构之间的遭遇战,已经闹得满城风雨,人尽皆知。事实上,城里的每个人都心知肚明,总督大人做得太过火了,他下令,市长和市政官员都必须出席焚毁《纽约每周杂志》的仪式,而官员们也迅速做出反应,对侵犯他们的自由表示愤怒。他们否认总督有权把这样的义务强加在他们的身上,因此断然拒绝到场,也不准他们的绞刑吏去执行总督的判决。在最高

〔1〕 这些细节,以及后面的细节,都源自纽约律师协会收藏的一份罕见的出版物,标题为《记约翰·彼得·曾格的案件和审判》(*Narrative of the Case and Trial of John Peter Zenger*),1752 年出版于伦敦。

权威遭到愤怒顶撞之后，首席法官紧接着便递交了一份申请状，请求指派鞭刑吏充当举火之人，当他的请求遭到拒绝的时候，这位受到胁迫的官员便指定了一位黑奴充当他的代理人。城里的公众也不约而同地做出决定，避免在既定的时间出现在行动的现场，以此支持地方当局。

这一天的华尔街为何那样荒凉沉寂，这就是其中的奥妙。但哈里森法官丝毫也不慌乱，他中规中矩地履行着自己的职责。四份犯错的报纸被首席法官那位卑贱的代理人及时地付之一炬。而那几位好奇的观众，则一直注视着那簇火焰，直到最后一片纸屑化为灰烬，然后才心满意足地转身离去。哈里森法官在跟这几位观众互致举手礼之后，便回到了市政厅，军官们则回了他们的兵营。

很难想象还有比这个过程更孩子气的表演，即便从孩子的立场上看，它也远远不够成功，因为那把火烧得实在不怎么样，火焰很不热烈。然而，从 1734 年秋天在华尔街上点燃的这团星星之火中，燎起了一场几乎照亮世界的熊熊大火。

第八章　为出版自由而战

约翰·彼得·曾格编辑的文章就这样被付之一炬，在纽约的新闻记者当中，他并不是最能干的；而曾格所攻击的科斯比总督，也并非纽约最糟糕的行政长官。只不过，这座城市的全部历史长期以来一直有着很不体面的记录，充斥着贪婪、腐败、无能和傲慢自大。在历任皇家总督中，有一位先生把这座港口城市变成了所有海盗最满意的逍遥乐土；还有一位显贵，喜欢穿着女人的衣服参加化装舞会，之所以装扮成这样，是因为一种愉快的错觉：人们没准错以为他就是安妮女王呢；还有一位一本正经的无名鼠辈，却十分看重自己，以至于他要求得到的顺从和尊敬，甚至超过他的王室主人应该得到的。事实上，所有的权势人物，包括拥有土地的贵族和地方宫廷的私人宠幸和政治亲信，都表现出一种对老百姓的不加掩饰的轻蔑，他们穿着讲究，服饰优雅——佩剑、褶边衬衣、丝袜和短裤什么的——为的是强调阶级的显赫。然而，这个小小的贵族群体并不全都是由英国人组成的，因为在这些趾高气扬的权贵当中，最高傲、最排外的，莫过于那些荷兰庄园主了。当某位庄园主笨重的旅行马车缓慢驶过华尔街的圆石路面时，平民百姓总是直愣愣地注视着，赞佩有加，惊叹不已，其中很多人把帽子拿在手里。

正是这种情势，把曾格作为《纽约每周杂志》的编辑和出版人推到了前台，而事实上，这份报纸是由詹姆斯·亚历山大（James Alexander）和威廉·史密斯（William Smith）创立并提供主要支持的，这两个人都是很能干的律师,在他们的积极领导下,一个深受欢迎的党派正在迅速形成。

曾格本人是个勇气有余而教养不足的年轻人,他最大胆的发言,在我们这个肆无忌惮的指责满天飞的年代读起来,显得非常温和。但在当时,任何对官方行为的批评都被认为是放肆的,他的箭明显射中了目标,因为对这份报纸的销毁被设计成一场最令人难忘的仪式。但从实际结果来看,这是一场令官方颜面扫地的惨败,它迫使政府采取进一步的行动,以捍卫它的尊严。因此,大约 10 天之后,在科斯比总督提议下,曾格被捕入狱,由于交不起过高的保释金,他在大牢里呆了好几个月。在此期间,公众开始对这一事件产生空前的兴趣,而且,在亚历山大和史密斯的积极领导下,人们的情绪被唤起到了非常强烈的程度,这对被告十分有利,以至于大陪审团拒绝裁决针对他的指控,最高检察官被迫采取特别措施,以防止释放他。然而,这只不过让民众的情绪更变本加厉,不久之后,所有分散的反政府者聚集到了“出版自由”的旗号之下,联合起来支持那位身陷囹圄的编辑,他的诉讼案立即演变成了影响深远的政治问题。

此前,人们从未把一般公众跟任何一种对捍卫美国出版自由的决定性影响联系在一起。全国各地的远见卓识之士,包括本杰明·富兰克林(Benjamin Franklin)及其他有抱负的新闻记者,全都带着强烈的兴趣关注着这场斗争。在纽约,曾格的辩护律师的公开活动使得人们的情绪得到了很好的发展,以至于公众的骚动兴奋始终被维持在最高的程度上。

第九章　轰动一时的审判

曾格一直被监禁在市政厅内，正是在那里，他的辩护律师们开始了一系列注定要承载历史意义的行动。两位热心公益事业的辩护律师不是旁人，正是亚历山大先生和史密斯先生，也正是在他们暗地里的保护下，《纽约每周杂志》得以创办，他们在本案中的出现，特别让政府不快。有理由怀疑，这份报纸上最具攻击性的文章，有些就出自这两位先生的手笔。此外，仅仅在几年之前，他们几乎彻底废除了"财政法庭"，这个法庭是科斯比总督特意召集起来的，为的是毁掉一位深受欢迎的官员瑞普·范·达姆(Rip Van Dam)。首席法官莫里斯(Morris)对那个案子的裁决激怒了总督大人，为了惩罚莫里斯，怒气冲冲的总督把他给撤掉了，任命詹姆斯·德兰西(James DeLancey)取而代之。德兰西是一个能力很成问题的法学家，但却是彻头彻尾的政府帮凶，曾格的辩护律师们有足够的理由相信：他们的委托人在此人的手上绝不会有什么好果子吃。因此，他们的第一场行动，就是要挑战德兰西及其助审法官[1]坐审判席的权利。不管结果如何，这份要求撤换法官的请求状，呈送给了每一位即将到庭宣誓作证的人。无论是首席法官还是助审法官，都是总督大人在寻欢作乐的时候而不是在举止得体的时候任命的，请求状声称，这种非法性使得他们丧失了开庭审案的资格。这样直接质疑德兰西的正当性，其中有着过人的精明之处，但要指望

〔1〕 当时的助审法官是弗雷德里克·菲利普斯(Frederick Philipse)。

他这样性格的人会就此退缩，则未免过于天真，那些大胆的律师们即使曾抱有过这样的希望，但他们也很快就醒悟了过来。事实上，他们的请求状刚一提交，这位怒不可遏的法学家便意味深长地给他们提供了一个收回请求状的机会，以此应对他们的挑战，在遭到拒绝之后，他很快就做出了反击。

他对这些放肆的辩护律师吼道："你们想通过反对本法庭来获取大量的欢呼和声望，就像你们曾对付财政法庭那样，但是，你们已经把事情搞到了这样的程度：要么我们离开审判席，要么你们滚出辩护席！"于是，他把他们的名字从执业律师的名单上给划掉了，而囚犯就这样在战斗刚刚开始的时候便陷于无人代理的境地。然而，事态的这一耸人听闻的发展，只不过起到了强化民众情绪的作用，因为另一位律师约翰·钱伯斯(John Chambers)几乎立即就承担起了辩护的任务，在最后的时刻，费城的安德鲁·汉密尔顿(Andrew Hamilton，那个时代最杰出的辩护律师)也自告奋勇地义务为被告提供服务。

这就是 1735 年 8 月 4 日的情形，当时，华尔街上有史以来规模最大的人群聚集到了市政厅，并且吵吵嚷嚷着要求进入，没等人群散去，美国就已朝着独立的方向跨出了一大步。

当囚犯被传唤到被告席上的时候，小小的法庭(人群中只有很少人获准进入)呈现出一幅壮观的图景：法官们穿戴着为英国法庭内所常见的宽大法袍和长长的法官假发，律师们则穿戴着官方为出庭律师指定的独特假发和长袍，依次排开，英国法律程序的所有典礼和仪式都被小心翼翼地遵守着。[1] 此外，听众中包括几乎所有重要的政府官员，他们穿着与国家事务相适应的服装，许多军官都穿着漂亮的制服，与民众团体那些灰暗而实在的服饰形成鲜明对比。此前，华尔街从未见证过类似的聚会，此后也再没见识过这样的场面，因为，新时代的黎明正在破晓，到那时，人们将在挤挤攘攘的法庭上反对他们的统治者。

汉密尔顿开启了诉讼程序，他首先承认，他的委托人出版了那几份被怀疑有问题的报纸，并宣布，他的辩护将依据这些报纸所陈述的内容是否

---

[1] 这大概是纽约第一个在"特选"陪审团面前审理的案子。法院的指令批准本案于 1735 年 7 月 29 日开庭。史密斯法官在他的著作《纽约的历史》(*History of New York*)中声称，纽约的法官和律师在殖民地时期从未穿过法袍，但有证据表明：在审判曾格的时候，情况正好相反。

安德鲁·汉密尔顿(1676～1741)

真实。于是,一场特殊的法律战随之展开,首席检察官与首席法官联合起来攻击这位杰出的宾夕法尼亚人,竭力以蛮横的态度对待他的论点。但汉密尔顿,尽管因为年迈和疾病而身体虚弱,却完全能够挺住,当他终于获得向陪审团慷慨陈词的权利的时候,他以一篇美国有史以来最有力的对出版自由的呼吁镇住了全场。事实上,他的论点是如此权威,以至于首席法官觉得实际上必须指示陪审团定罪,以此消除其影响。然而,陪审团的那 12 个善良正直的好人[1]立即送回了一纸无罪裁定,陪审团主席宣布结果的那一刻,听众跳了起来,爆发出一阵暴风雨般的欢呼,德兰西对此也无可奈何。他一次又一次地企图恢复秩序,但民众领袖实际上根本不理睬他的权威,在再次爆发的欢呼声中,欢欣鼓舞的胜利者们涌向了华尔街,在那里,喧闹的人群立即把汉密尔顿围了起来,企图把他扛在肩膀上进行胜利的游行。那天夜里,整个城市都沸腾了,人们举行了一场盛大的宴会,向汉密尔

〔1〕 在这个陪审团里,纽约城几个著名家族明显有自己的代表,陪审团成员包括这样一些姓氏:罗格斯(Rutgers)、霍姆斯(Holmes)、曼恩(Man)、贝尔(Bell)、凯特塔斯(Keteltas)和戈莱特(Goelet)。

顿致敬，所有的民众领袖都受到了人们的欢呼，欢呼声在夜空中回荡。事实上，公众的喜悦在第二天持续了整整一天，当那位胜利的辩护律师动身返回费城的时候，庞大的人群陪伴他走向游艇，启程的时候，大炮鸣响礼炮，向他致敬。这还不是结束，因为几周之后，市议会向他颁发了“城市自由”奖，以答谢他为人民提供的无私服务，颁发这一殊荣的致辞，装在一个镶嵌着本市盾形纹章的金盒子里，转交给了他。[1] 就这样，一场被称为“美国自由的黎明”的事件结束了，华尔街在后来的岁月中所目击的许多场景，都能清晰地追踪到这场著名诉讼的影响。

事实上，从1734年至1770年，这座城市的历史就是一份平民团体与皇家总督之间的持续冲突的记录，的确，他们都是一些挺得住的强人。克拉克(Clarke)总督被证明能胜任这一任务，克林顿(Clinton)总督顽强地战斗了10年，然后筋疲力尽地退休了，奥斯本(Osborne)总督在冲突前夕自杀了，查尔斯·哈代(Charles Hardy)爵士实际上把所有的权力都交到了副总督德兰西的手里，蒙克顿(Monckton)少将居然辞职以支持卡德瓦拉德·科尔登(Cadwallader Colden)，而亨利·穆尔(Henry Moore)则远离了统治权力。就这样，在36年的时间里，国王的代表从一位独裁者变成了一个傀儡，进一步的变化指日可待。

〔1〕 由市议员斯蒂芬·贝亚德(Stephen Bayard)转交。

第十章 印花税法案会议

在此期间，华尔街既为新任总督富丽堂皇的就职仪式而欢呼，又用讥讽嘲弄为退休官员送行，它通过废除古老的奴隶市场而使自己的面貌大为改观。1762 年，这个市场已经消失不见了，同一年，街灯被引入。在这些公共设施改良之后，紧接着便是市政厅的全面修缮，以及鞭刑柱、颈手枷、足枷和囚笼的拆除，而街上的房子也因此变得更整齐了，华尔街迎来了美国历史上有案可稽的第一次民众集会——大概也是最著名的一次。

没有鼓角齐鸣，也没有任何官方的仪式，这次著名的集会于 1765 年 10 月 7 日在市政厅举行。完全可以说，就是在那一天，在那一幢建筑物里，美国独立革命开始了，因为印花税法案会议是第一个为了共同保护所有殖民地、对抗母国而组织起来的民意团体，它清清楚楚地预示了未来的"大陆会议"。至少有 9 个殖民地派出了代表，他们风尘仆仆来到华尔街，这些人当中，有罗伯特·利文斯通(Robert Livingston)、菲利普·利文斯通(Philip Livingston)、詹姆斯·奥蒂斯(James Otis)、威廉·塞缪尔·约翰逊(William Samuel Johnson)、约翰·拉特利奇(John Rutledge)、托马斯·迈克基恩(Thomas McKean)等人，他们的名字，将在美国耳熟能详，他们的行为，将让他们跻身开国元勋的行列。这些有着不为人知力量的人，在紧闭着的大门后面开始了他们的活动，但在他们商议期间(前后持续了 3 周)，全国的兴趣都集中到了这条狭窄的大街上，给国王的呈文和给国会的请愿书几乎是在三一教堂的影子中撰写出来的——它们是那些不同寻常的国家文献中最早的两份，这些文献赢得了欧洲的赞誉。

第十一章　独立革命的序幕

当第一艘运载着那些令人厌恶的印花税票的轮船抵达纽约港的时候，印花税法案会议还在召开，从那一刻起，这个群情激昂的城市，对那帮客串政治家平静从容的商议再也不感兴趣了。如今，势在必行的看来是付诸行动，而不是坐而论道。几天来，骚乱的人群聚集在大街上，鼓动暴力的通告，被张贴在每一个公共聚会的场所。终于，11 月 1 日早晨，暴风雨来了。华尔街的居民们被来自菲尔兹广场[1]方向的喧闹声给吵醒了，便匆匆忙忙地跑出家门，接着又慌里慌张地回到屋内，闩上大门，以抵御暴徒，那是这条平静的大街有史以来所见识过的一帮最古怪的乌合之众。顺着珍珠街（女王街）向下，一支高举火把的队列正在行进，喊声震天，枪声大作，还有其他一些令人心惊肉跳的示威举动。在队伍的前头，一个装在轮子上的绞刑架隆隆前行，绞刑架上吊着副总督科尔登的模拟像，紧接着是一个类似的雕像，安放在一把椅子里，由一个强壮的黑人顶在头上。人们对着这些肖像嘲骂、讥笑，偶尔还开枪，几百个水手和粗鲁的海滨居民举着火把，打着灯笼，涌进了华尔街，紧跟着是一大群吵吵嚷嚷的人。突然，那些从紧闭着的百叶窗后面焦虑地注视着这个疯狂场面的住户大吃一惊：游行的人在詹姆斯·迈克厄佛斯（James McEvers）的房子前面停了下来，他们的领头人立即向这位先生欢呼了三声。此人尽管为人谨慎，也很爱国，但他却

〔1〕 如今的市政厅公园。

乔治堡，当年的印花税票就存放在这里

辞掉了印花税票发行人的职务。人群也爆发出欢呼声，挥舞着手里的灯笼和火把，以此作为对领头人的回应，然后呼啸着朝市政厅的方向蜂拥而去。这次短暂的耽搁，使得惊慌失措的行政当局能够组织起微不足道的抵抗，当这帮乌合之众抵达宽街的时候，市长、市议员[1]和一队巡警阻止了队伍的前进，他们大胆地攻击那些驮运雕像的人，居然成功地把他们驮运的东西掀翻在大街上。这一有力的攻击让闹事者们大吃一惊，他们乱糟糟地停下了脚步，但眨眼之间他们就意识到了：站在他们面前的只是一小撮人，于是，他们便强行推进，冲乱了官员们的阵脚。不一会儿，他们到了市政厅，爬上了从长老会教堂到三一教堂之间的那条狭窄的斜坡。在这里，几个领头人折向了左边，暴民们欢呼雀跃地紧随其后，一路直奔乔治堡，那些该死的印花税票就存放在那里。不大一会儿，人群就聚集在了乔治堡的入口前，吵吵嚷嚷着要求进入。这一愤怒的示威没有得到任何响应，一些更喜爱冒险的家伙闯进副总督的车库里，拽过一辆马车，把那些雕像绑在一起，塞进车内，耀武扬威地牵车而去，其他人则兴高采烈地叫喊着紧随其后。

华尔街再次遭到袭扰，不过这一次人群聚集到了商人咖啡馆，当队伍继续向菲尔兹广场行进的时候，人们用欢呼迎接着这支粗野的游行队伍。在菲尔兹广场，他们与另一帮乌合之众会师了，整个队伍直奔炮台公园而去。人群又一次半真半假地企图进入炮台要塞，不过，在用棍棒猛敲大门之后，领头人把他们的注意力转到了车库，拖出了副总督的雪橇和马车，把

〔1〕 这些大胆的官员中，有尼古拉斯·罗斯福(Nicholas Rooselvt)和科尼利厄斯·罗斯福(Cornelius Roosevelt)，分别代表本城的西区和外区。

它们一起堆到草地保龄球场上，再把那些雕像扔到顶部，很快，整堆东西就燃起了熊熊大火，成百上千的人围着火堆欢呼雀跃，跳起狂野而恶意的舞蹈。

这个恐怖之夜就这样结束了，接下来的两天里，纽约城保持了相对的安静。然后，一些匿名布告和通知再次出现，布告警告当局：如果不把印花税票交出来，将会有更大的麻烦。市长、代理总督和领头的市民之间举行了几次匆匆忙忙的谈判，以商讨维持秩序的措施。起初，科尔登打算硬碰硬，以武力对付武力。但支持这一政策的人寥寥无几，他最终妥协了，批准了一份半官方承诺：在得到来自英国的进一步的命令之前，暂不使用那些印花税票。但"自由之子"（毫无疑问是他们组织了这次敌对示威）没有心情接受这样的空头支票，对总督的公告，他们给出的惟一答复就是一则通知，号召人们11月5日夜间在菲尔兹广场再举行一次聚会。

就在这个节骨眼上，市地方长官们匆匆忙忙地聚集到了市政厅，规模庞大的人群聚集在市政厅外，等候他们商议的结果。最后，会议任命了一

焚烧印花税票

个委员会，强烈要求把印花税票交给地方行政当局监管。不大一会儿，肩负这一使命的几个人出现在大街上，人群把他们团团围住，护送他们来到乔治堡的入口处，然后人们在这里停了下来，默不作声但带有威胁性地聚集在一起。在这个危急时刻，突然爆发一场激烈冲突的可能性并不大。在不堪一击的堡垒后面，聚集着数百名全副武装却不十分可靠的军队，而跟他们正面相对的，是一支意志坚定却不太整齐的市民大军。假如任何一方激怒了对方，甚或假如总督与委员会之间的谈判被故意拖延，那么，独立革命的第一场流血毫无疑问会发生在草地保龄球场附近。然而，没过多久，委员会再次出现了，并在欣喜若狂的人群中宣布：副总督屈服了，他将把印花税票交给市长。尽管这个消息颇受欢迎，但人群并没有散开，而是在乔治堡附近游荡，等待官方承诺的兑现。不大一会儿，要塞的大门被打开了，一支强大的卫队列队而出，护送着那些令人憎恶的印花税票。

人群跟在后面，得意洋洋地返回了华尔街，赢得胜利的平民百姓把运送印花税票的人团团围住，亦步亦趋地陪伴他们走向市政厅，在那里，市长为这些东西写下了收据。印花税票的交出，是一场爆发的信号，它让人回想起 30 年前，在同一地点，当汉密尔顿为人民赢得第一场胜利时所爆发的那场游行示威。

大约 4 个月之后，《印花税法案》被废除了，主要是通过威廉·皮特(William Pitt)的努力。为了向他表示敬意，华尔街上竖起了一座大理石雕像。那里很快就成了时尚中心。不久之后，建国过程中很多值得纪念的事件就发生在那里。

第十二章　山雨欲来

1774 年 5 月 17 日，一位风尘仆仆的骑手打马走过百老汇街，在快要到三一教堂的时候，他扯转那匹疲惫不堪的坐骑，掉头向左，进入华尔街，没人认识他，也几乎没人注意到他。此人显然是个陌生人，不过，见多识广的纽约城(当时有25 000人口)早已对游客的出现习以为常，从外表上看，这一位也毫无引人注目之处，除了他那裹满泥泞的衣服、鞍袋和马匹，还有就是他那匹筋疲力尽的牲口，暗示了一次跨越艰难险阻的漫长旅行。骑手本人，几乎像他的马一样疲累不堪，他是个体格强健的家伙，大约 40 岁，有一张虽说有点平庸但刮得很干净的脸，看上去像个平凡的农夫或商人。可以肯定，没有一个人会猜想他是一个有艺术气质或英雄气概的人，然而，他的确是个才华不俗的艺术家，他粗糙的外形，注定要成为未来一代又一代英雄崇拜者们心目中的偶像。不出一年时间，他将会赢得不朽的名声，为诗歌和小说提供一个激动人心的主题。然而，华尔街看不到未来事件的影子，保罗・里维尔(Paul Revere)是个插图画家、雕刻师、牙科医生、商人、金匠、军人和“法定驿递者”，他平静地赶着自己的路，好奇地注视着展现在他面前的繁忙场景。

在这个外省人的眼里，那些匆匆而过的人群中想必有很多陌生而有趣的东西：从科勒克特池塘的水泵旁走来的卖水人，把他粗糙的大木桶装在手推车上，或者直接安在轮子上，笨拙的旅行马车，轿子，穿着漂亮制服的军官和政府官员，一群群穿着严肃的商人。这座熙熙攘攘的商业和政治中

心的一切生命和活动，想必跟安静闲适的波士顿形成了鲜明的对照。在波士顿，港口实际上已经关闭，商业也几乎毫无活力。不过，尽管里维尔对周围的环境不怎么熟悉，但这并不是他第一次访问纽约。大约 6 个月之前，他曾把波士顿茶叶党事件的消息带给了这里的“自由之子”，但自由之子的总部当时在菲尔兹广场附近，这一次很可能是他第一次见到这条无与伦比的大街，它在本城的时髦街区中几乎没有竞争对手。

在他的面前，延伸着一条干净整洁、漂亮迷人的大道，两旁绿树成荫，排列着一幢幢漂亮的房子，它们高贵的外观显示它们的主人都是些有钱人——即使不是时髦人。在他的左边，长老会教堂依然保持着它居高临下的位置，紧挨着它的是修缮后的市政厅，它上面的楼层被拱门所支撑，形成了一条步行者可以穿行其间的拱廊。不过，那家丑陋难看的糖厂（许多年来在相邻建筑的映衬下显得越发丑陋）终于消失了，维普朗克公馆及其他漂亮的私人宅邸如今占据了糖厂的位置。再过去，在街道的同一侧，是迈克厄佛斯公馆。公馆的前面，就是大约 9 年前印花税闹事者们停下脚步的地方，在它的前方，如今耸立着皮特的大理石雕像，那是著名雕塑家威尔顿（Wilton）的作品。紧挨着这幢房子，依次排列着许多舒适的宅邸，它们的主人是：瑟曼家族（Thurmans）、班克家族（Banckers）、拉德洛家族（Ludlows）、斯达汀家族（Startins）、温思罗普家族（Winthrops）、怀特家族（Whites）、乔瑟家族（Jaunceys），以及其他或多或少有些名望和声誉的市民。

在这些迷人、亲切的房子旁边骑马穿行，里维尔想必走过了他的朋友通信员约翰·兰姆（John Lamb）的家。〔1〕兰姆是“自由之子”最活跃的成员之一，几年来，他为民权所做的连续不断的鼓动，既迫使朋友也迫使敌人仓促出手。的确，如果说有哪个人应该为华尔街最近经历的那些激动人心的场面负责的话，那这个责任多半要搁在兰姆那扇装备齐全的大门上。事实上，就在里维尔和他那些戴假面具的伙伴在波士顿码头销毁东印度公司的货物的那一天，约翰·兰姆也正在鼓动纽约的商人们到市政厅去从事类似的暴力活动。假如茶叶船在那个节骨眼上抵达纽约港的话，毫无疑问，他在华尔街上的听众们也会迅速地组织起一个茶叶党，而且压根不用油彩

〔1〕格里斯沃尔德（Griswold）在他的《美国法院》一书中声称，像兰姆这样的辉格党人直到独立革命之后才在华尔街获得了立足之地。但有证据表明，对这个规律来说，兰姆是一个例外。

保罗·里维尔飞马报信

和羽毛来化妆。然而，幸运(或不幸)的是，在那个危急时刻，并没有船只出现。但大约在4个月之后，当“伦敦”号驶入纽约港的时候，警戒委员会立马就上了船，甚至都懒得乔装打扮一番，并把船上那些令人讨厌的货物捆起来扔进了海里。这事发生在1774年4月22日。第二天，华尔街就目睹了公众脾气的展示，其独特性不亚于其重要性。

大约在“伦敦”号进港抛锚的同一时期，另一艘被称作“南锡”号的货船也满载着茶叶抵达了纽约港，明显是为了试试“不进口协定”的力度到底有多大。这艘船的指挥官洛克耶(Lockyer)船长毫不掩饰他的使命，警戒委员会最后允许他进入纽约城，为的是跟他的几位收货人进行磋商。但是，当这几位先生慎重地拒绝接收他的货物时，这位可敬的船长已得到命令：尽可能在最早的时间把船驶往英国，越快越好。

与此同时，布告已经贴遍全城，号召这个国家的所有朋友在洛克耶起程的那天到位于华尔街尽头的默里码头集合，给他开一个欢送会，这个欢送会很可能让他永生难忘，并报告给大洋彼岸的朋友们。因此，1774年4月23日星期六早晨8:00的时候，钟声开始响彻全城，越来越多的钟声加人到了这场合唱当中，直到城里的每一个钟锤都摆动起来——除了皇家市政厅和国王学院的大钟之外。根据这个预先约定的信号，三教九流、形形色色的人开始涌向指定的集合地点，其中有些人甚至有铜管乐队一路陪伴，河边的所有船只都升起了最鲜艳的信号旗。一个小时的时间里，人群源源不断地涌入华尔街，聚集在商人咖啡馆的门前（位于华尔街和水街的东南街角），那位令人不快的船长的住处就在那里。不大一会儿，在一个市民委员会的监护下，洛克耶船长在阳台上露面了。顿时，震耳欲聋的欢呼声和喧嚣嘈杂的钟声一齐响了起来，欢迎他的出现。然而，没有任何人试图捣乱，当平静恢复的时候，委员会严肃地向人群介绍了这个倒霉蛋，并向乐队示意，乐队突然奏起了《上帝保佑国王》。在这一忠诚示威期间，洛克耶船长在盛大仪式的护送下走进华尔街，那里特意为他留出了一条狭窄的通道，让他穿过欢呼的人群走向码头，从那里登上了一艘领航艇，一个负责监视他离开沙钩子码头的代表团一路奉陪，在轰隆隆的炮声和疯狂的欢呼声中，洛克耶启航远去，把他这次受到意味深长的接待的消息带给那些不能身临其境的人。

第十三章　商人咖啡馆

上述这些事件，保罗·里维尔想必都已经有所耳闻，很可能，当他漫步穿过华尔街的时候[1]，这些都浮现在他的心头，因为作为正式授权的送信人，他的客户不仅有“自由之子”，而且还有“通信委员会”。毫无疑问，他下马的地方，正是这个委员会的非官方总部——商人咖啡馆。

在华尔街的故事里出现的所有历史建筑中，这家貌不惊人的小酒店完全有资格单独拿出来说上一番。这幢房子大约建于 1740 年[2]，它坐落的地方当时实际上是水边，在私掠船船员们和喜爱冒险的海上浪子们频繁出入纽约港以交流经验并通过一杯烈酒做成一笔最圆满的买卖的那个时期，这家小酒店立即成了一种类似于海运交易所的地方，它的秘密从未泄露过，它的后门对于那些偏爱呆在自己的小船附近的消费者来说非常方便。然而，随着私掠船船员及其他让人看不起的海边居民的消失，这家小酒馆逐渐从一个水手们的温暖港湾，发展成了一个这样的娱乐场所：它的主顾们是如此挑剔，以至于隔壁的奴隶市场不得不为了他们的利益

〔1〕 里维尔所走的确切路线，如今已无法确定。他于 1774 年 5 月 14 日离开波士顿，路上差不多要花三天的时间，经由鲍威利大道或波士顿邮路进入纽约城。他的急件是送给通信委员会的，这个委员会的某些成员通常在商人咖啡馆里可以找到。

〔2〕 第一次提到这幢历史建筑的文献，应该是 1744 年 1 月 16 日的《每周邮差》(*Weekly Post-Boy*)，报刊上刊登的一份发布日期为 1743 年 11 月的广告提到了它。

而被拆除。[1] 打那时起，它的声望就与日俱增，直到它的顾客囊括了本社区所有最优秀的人，它的影响力就相当于一个公民论坛。

这家著名的酒馆，无论是外部还是内部，都没有什么令人难忘之处。就它的外观而言，人们所知道的一切就是：它是一幢三层建筑，底层有一间大厅，第二层还有一间大厅，前面有一个阳台，旁边有一条走廊。它的内部设施，与这一非常朴实的建筑设计完全一致。然而，那两间大厅却目睹了许多著名的聚会和协商会议，它们在独立革命的序幕中所起的作用，是头等重要的。1769 年的两场示威——反对军事占领和波士顿裁决，正是发生在这里；"自由与贸易之友"的一些最引人入胜的会议，也是在这里举行的；艾萨克·西尔斯(Issac Sears)及其他激进分子强烈要求查封印花税票也是在这里；洛克耶那次受到嘲弄般的接待也是在这里；那次反对关闭波士顿港口的示威是从这里开始的，这场示威结束于诺思勋爵的模拟像在挤挤攘攘的阳台前被焚烧；所有的政治领袖在这里碰头；1774 年 5 月 17 日，保罗·里维尔带着送给通信委员会的急件抵达的地方，还是这里。此时，这个通信委员会刚刚被改组为"五十人委员会"。

表面看来，里维尔在这家著名酒馆送达的信息并不特别重要，因为它仅仅是报告法尼尔厅所采纳的决定，要求纽约给予合作，暂停与英国的贸

商人咖啡馆

[1] "该谷物市场(奴隶市场)极大地遮挡了东河的宜人景观，如果不是这样，那些居住于华尔街的人便可以欣赏这些风景；再者，它使得街道肮脏，也让街道两侧的居民甚感不快，令那些往来进出咖啡馆的人深感厌恶，而该咖啡馆是个了不起的娱乐场所。"——《市议会记录》(*Minutes of Common Council*)，第 6 卷，第 238 页，纽约市政厅。

易，直到内阁重新开放波士顿港；不过，对这一信息的回复却是划时代的，因为它毋庸置疑地给予了一个国民政府的建立以第一推动力。

在那位鼎鼎大名的驿递者重新上路、前往费城之前，在商人咖啡馆召集了一次由商人及其他市民参加的会议以任命一个委员会，对他的急件中所提出的建议做出答复，而且，现有的五十人委员会增补了一位额外的成员。谈到这一次的与会者，古维诺尔·莫里斯(Gouverneur Morris)写道："我站在(咖啡馆的)阳台上，在我右边排列着所有有财产的人，连同一些贫穷的侍从，在左手边，则是所有认为值得为了国家的利益而丢下手头的日常工作的生意人及其他各色人等。"让自己成为这个重要现场的中心，正是莫里斯(当时只有 23 岁)的特点。不过话说回来，他无疑是个领袖，因为在纽约，就像在其他各州一样，独立革命是那些因判断力早熟而变得温和的年轻人的工作。在这个关键时期，有一群这样的人正在华尔街上创造着历史，他们有：约翰·杰伊(John Jay)，28 岁；亚历山大·汉密尔顿(Alexzander Hamilton)，17 岁；罗伯特·利文斯通，27 岁；马里努斯·威勒特(Marinus Willett)，33 岁；亚历山大·麦克道格(Alexzander McDougall)，43 岁；艾萨克·洛(Issac Low)，39 岁；还有咄咄逼人的老兵艾萨克·西尔斯(Isaac Sears)，45 岁。其中有些人被选进了那个负责答复马萨诸塞提议的委员会，像这样一个风华正茂、心智成熟的联合体相当罕见，是否还找得出这样的市民团体，恐怕大有疑问。当然，也有少数几个头脑发热的家伙，譬如，亚历山大·麦克道格，他就不喜欢伙伴们的保守，便怒气冲冲地退出了，并企图迫使他们仓促行动。他在这一点上并不成功，但最终于 1774 年 5 月 23 日被多数采纳的答复，的确不是胆小老朽的意见。事实上，它就是最早的一项关于召开所有殖民地代表大会的提议，当保罗·里维尔从费城回来收到这份答复的时候，华尔街赢得了历史性的荣誉，因为这份产生于华尔街著名咖啡馆内的文件催生了大陆会议。

第十四章　华尔街门口的革命

将近一年之后，另一位驿递者伊斯雷尔·贝塞耳(Israel Bessel)从波士顿飞马驰入鲍威利大道，对身边经过的每一群人大声宣布一个令人吃惊的消息，从而打破了这个安息日早晨的宁静。当三一教堂和长老会教堂的信众们结束他们的午课蜂拥而出的时候，他突然出现在人们的面前，带来了这样的消息：列克星敦战役已经在4天之前赢得了胜利。霎时间，他被焦虑的人群给团团围住，人们热切地叫嚷着，打听更多的细节，华尔街顿时处在疯狂骚乱的状态。亲英分子和爱国者们四散奔走，去保护他们的家人和财产，人们互相怀疑，彼此害怕对方，所有人几乎都被这个消息给惊呆了。然而，爱国者们首先从震惊中恢复了过来，由艾萨克·西尔斯以及一些最大胆的自由之子领头，一帮市民匆匆忙忙地聚集了起来，占领了市政厅，夺取了存放在那里供军队使用的500件武器，要求并接管了海关的钥匙，关闭了那幢建筑，实际上就是废黜了皇家政府。

从那一刻起，城里的所有生意都暂停了，1775年4月24日至5月1日期间，混乱达到了顶峰。接下来，社区里一些最能干的人采取了控制措施，呼吁在商人咖啡馆召开一次群众会议(这家咖啡馆实际上成了政府所在地)，组织了一个临时的"百人委员会"，以管理公共事务。根据委员会的命令，这座城市实际上被置于军法管制之下，商店和工厂被关闭，街道由临时组成的民兵队巡逻，所有可用的武器和弹药全都被查封。人们为抵抗进攻草草地做了一些准备，很多胆小怕事的亲英分子纷纷弃家而逃，到他们的乡间宅邸去避风头。与此同时，一些国王的军队获准进城，委员会中的亲英成员觉得，他们的存在会确保秩序，但是，当他们企图挪用存放在兵营里的多余武器时，马里努斯·威勒特却强迫一名武装卫兵交出了这些战利品，装着武器的大车被一大群市民耀武扬威地护送着驶入了百老汇，经过华尔街街口，来到位于约翰街的亚伯拉罕·范·戴克(Abraham Van Dyck)的保龄球馆，把这些武器妥善锁藏在那里。

直到此时，城里为首的爱国者和亲英分子才开始为了维护秩序而携手合作，但也只不过是暂时休战而已，任何超出这个范围的事情都是不可能的。不久之后，百人委员会分裂成敌对的派系，党派情绪开始高涨。在数量上，爱国者占绝大多数，但很多有钱有势的人大声地表达他们对英国的忠诚，对临时政府指控他们怀恨在心，他们坚决拒绝承认这个政府的合法性。在这样的环境里，或多或少的混乱是不可避免的，对许多坦率直言的亲英分子来说，城里的住处被弄得极其不舒服。事实上，有些更可憎的人被剥光了衣服，骑在横杆上穿过华尔街，对那些平日里颇值得尊敬的市民的丑行，他们最有礼貌的邻居也非常厌恶。

这就是 1776 年 4 月的事态，当时，华盛顿赶到了纽约，以抵抗被赶出

三一教堂

波士顿的英国军队，在他的有力领导下，为防御所做的积极准备已经开始推动，直至整个城市的外观几乎被彻底改变。在水边码头区，匆匆忙忙地修筑起了防御工事；大炮被安置在不同的有利位置；胸墙和路障横过大街；从屋顶上取下的铅板被铸成子弹；有些房子被凿上了一圈小洞，为的是打巷战，要一幢房子接一幢房子地抵抗。在这些粗糙的防御设施当中，华尔街计有：一门大炮，藏在东河边一幢房子的地下室里；商人咖啡馆附近的一排胸墙；以及麦克道格的大炮，部署在三一教堂西侧。而这座教堂继续搞它的宗教仪式，就好像什么事情也没发生一样。事实上，三一教堂的牧师和信众似乎并没有认识到：革命已经是既成事实，甚至当华盛顿赶到现场的时候，他们还是这样。但是，不出几周的时间，战争以最特别的方式让他们认清了现实。

查尔斯·英格里斯(Charles Inglis)牧师当时是本教区的副教区长，华盛顿来到这座城市没过多久，他的参谋部里一位非正式成员便拜访了英格里斯牧师，请求他省略掉按照惯例为国王所做的祈祷——在所有的仪式上，他都要一丝不苟地宣读这些祈祷文，丝毫不在乎眼下的政治环境。英格里斯先生尽管是个非战斗人员，但明显是教会中的一位好战的信徒，是皇家政府最狂热的支持者。他立即拒绝了这一请求，对于此事，华盛顿刚一注意到，便马上否认有过这样的请求。毫无疑问，国王从未像此时此刻那样需要他忠实的臣民们的祈祷了，当时，和平谈判迫在眉睫，但这并不是民众的观点。然而，宗教仪式举行了好几个礼拜，没有改变，没有打断，与此同时，敌对双方的军队都在为最艰苦的战斗做着准备。

然而，一个星期日的早晨，一群大约由 150 名武装人员所组成的乌合之众，在军乐队的引导下涌入华尔街，直奔三一教堂。他们到底是不是军人，谁也搞不清楚，但是，他们的步枪上却带有刺刀，明显是在某种军事控制之下。他们在欢快的鼓点声中阔步行进，穿过华尔街，过了百老汇街，进入了三一教堂，从教堂的走廊里席卷而过，吹吹打打的军乐声震耳欲聋。信众们被这一亵渎神明的闯入吓傻了，目瞪口呆地坐在那里，不知道接下来会发生什么。但身着白袍的牧师却平静地坚守在他的位置上，与入侵者正面相对，轻蔑地逼视着他们。事实上，这会儿军乐已经停下来了，他继续举行他的宗教仪式，就好像什么也没发生。他以令人钦佩的尊严执行自己的使命，直到结束，没有一句多余的话，迫使这帮全副武装的乌合之众灰溜溜地撤走了。

然而，这是三一教堂所举行的最后的宗教仪式（或最后的仪式之一），因为教堂当局很快就认为最好还是关门大吉。不出4个月，三一教堂被一场大火夷为平地。在此期间，华尔街聆听了《独立宣言》，那是1776年7月16日在市政厅的台阶上对着一小队爱国者宣读的，当时他们狂热地涌入法庭，拆下了王室盾形纹章，并把它拿到当年曾格的报纸被付之一炬的现场，一把火给烧掉了，就这样为数月之后让这座城市付出高昂代价的那场荒唐的破坏提供了一个先例。事实上，当英国军队两个月后进入这座城市的时候，他们毫不留情地把市政厅图书馆洗劫一空，拿那些贵重的图书去换酒喝。这批书彻底散佚了，假如留到今天，它们将是一批独一无二的收藏品。皮特的雕像也被损坏，几乎面目全非，但很少有人为这尊雕像的命运感到惋惜，因为皮特显然敌视美国的独立，从而跟很多美国人疏远了，而且，在亲英分子彻底摧毁这尊雕像之前，它的表面已经有些损坏。

由于这些故意破坏的行为，华尔街开始了一段漫长而痛苦的经历。事实上，在英国军队于纽约扎住脚跟之前，1776年9月21日的大火，使这座城市的大部分地区化为灰烬，也让三一教堂成为废墟，英国人错误地把这场灾难归咎于叛乱支持者，这导致了针对美国居民的非常严厉的措施，以至于他们当中许多人逃之夭夭，把自己的房子丢给了敌人。

第十五章　占领与撤退

占领军并没有花太长的时间，便把华尔街上所有可用的房产据为己有。市政厅立即被改为看守所和监狱，那些被关在这里的人的确很幸运，因为他们受到了人道的对待，躲过了糖厂和废弃的旧船内每天上演的恐怖事件——大多数美国战俘被囚禁在这两个地方。查尔斯·李(Charles Lee)将军是这座华尔街监狱最早的囚犯之一，对他来说，要是能一直在这里蹲到战争结束的话，那就再好不过了。然而，他很快就被释放了，他后来的行为，不仅让他自己丢脸，而且险些断送了美国独立大业。

另一幢华尔街的著名建筑同样被军队占用，这就是长老会教堂，它被改做了医院，收留英国的伤员病号，为了适应这一用途，它几乎被拆掉了。然而，这些变化还只是标志着结局的开始，因为美国人腾出来的每一幢房子，都被立即交给英国的将军或官员处置。这些绅士需要住房，对住宅房产的需求是如此之大，以至于所有叛乱者的住处都被标上了一个醒目的"R"字母，以表示它们已被征用。

就这样，华尔街实际上成了占领军的司令部，临近的整个地区都呈现出一种军事氛围。黑森雇佣军的德国指挥官克尼普豪森(Knyphausen)将军占领了迈克厄佛斯公馆；皇家总督罗伯逊(Robertson)将军在位于威廉街与拿骚街之间的维普朗克公馆[1]扎下了营盘，就是这幢房子，还短时间

〔1〕几乎就在现在的化验所的位置。

长老会教堂

地庇护过本尼迪克特·阿诺德(Benedict Arnold),那是在他成为叛徒之后。黑森人雷德塞尔(Riedesel)将军,是居住在这条曾经时尚的大街上的另一位军官。那家鼎鼎大名的咖啡馆,很快就成了所有驻扎在本城的陆军和海军指挥官最喜欢去的地方。

在这样的情形下,华尔街的整个面貌便逐渐改变了,街上的建筑物持续恶化,没过多久,从前的荣光已所剩无几。1779 年夏天,有人做过一次无力的尝试,想把三一教堂那黑糊糊的废墟周围的地盘改造成一个上流社会散步的地方,有了这个想法,人们用漆成绿色的木质栏杆把那里围了起来,照明灯高挂在树上,其下放置了长椅,驻军在那里举办音乐会,只有上流人士才允许入内。然而,这是惟一一次试图恢复华尔街声望的努力,次年冬天摧毁了它对美的最后要求,因为在那样一个空前寒冷的季节,大炮都能越过冰封的海湾运往斯塔顿岛,华尔街上几乎所有的林阴树都牺牲了,给克尼普豪森将军、雷德塞尔将军及其他军官的家庭充作烤火的燃料。

三一教堂的废墟

打那以后,荒凉和衰败就成了这条大道的标志。当战争接近尾声的时候,它的状况越来越糟糕。因为英国人自然不会劳神费力地去保护很快就要归还给从前主人的产业,他们任由秽物和残骸到处堆放,直到每条街道都成了由毁坏、拆除或倒塌的建筑物所堆积起来的垃圾堆。

这就是1783年11月25日华尔街的情形,当时,指挥大约800人、驻扎在麦高恩关口的亨利·杰克逊(Henry Jackson)准将,让他的人马向位于纽约市郊的科勒克特池塘(或称淡水塘)移动,在那里,奉亨利·诺克斯(Henry Knox)将军(华盛顿派他去占领纽约)之命停了下来。就在同一时刻,英国军队6 500人的后卫军正走下百老汇,登船前往斯塔顿岛,他们鲜艳的制服和精良的装备,让所有目击者看到了英勇的场面。刚过中午,盖伊·卡勒顿(Guy Carleton)爵士的一位参谋向美军指挥官报告:他最后的军队正在炮台公园的运输车上。这是诺克斯将军一直在热切等待的消息。收到消息的几分钟之后,由马萨诸塞骑兵分队、纽约炮兵分队、一个民兵连以及斯塔克斯(Stakes)上尉指挥的一支骑兵部队所组成的美国纵队直扑纽约城的心脏。走下鲍威利大道,他们让经验丰富的老兵们在前面大踏步开路。他们五花八门的制服上裹满泥泞,这些是艰苦鏖战的标志,他们锈迹斑驳的武器和破烂不堪的军旗,与正在撤退的主人所展示的风采形成了鲜明对照。然而,在这些饱经风霜的士兵的动作和姿态中,无一不表现出纪律严明、训练有素的迹象。当他们穿过查塔姆广场进入珍珠街(女王街)的时候,热心的市民们所组成的庞大人群用热烈的欢呼声来迎接他们,并在这支征服纵队的两侧排列成行,伴随他们一路前进。

接下来,是华尔街为之等待并承受苦难长达 7 年多的那个伟大时刻,在这条饱受蹂躏的大道上,挤满了兴高采烈的人群,排成混乱却坚定的队列。伴随着有条不紊的鼓点和欢腾愉快的音乐,他们昂首阔步,一路向前,走过无头的皮特雕像,走过破败不堪的住宅(它们流亡的主人几乎都认不出这些房子了),走过宽街街口(鞭刑柱曾竖立在这里),走过破落不堪的市政厅(印花税法案会议曾在这里召开),走上一条轻度斜坡(许多皇家总督曾在这里散步,而今天有数不清的人群沿着它挤挤攘攘,匆匆前行),走过已被拆除的长老会教堂[怀特菲尔德(Whitefield)与乔纳森·爱德华兹(Jonathan Edwards)曾在这里布道],一直走到三一教堂那让人悲伤的废墟。然后,队伍转向右边,那些获胜军队的代表在百老汇的海角酒馆附近[1]列队待命,勇敢地把纽约州盾形纹章展示在酒馆的招牌上,在那个历史上著名的地点[伊什尼·德兰西(Etienne DeLancey)曾在这里修建他的住宅],他们停了下来,并以稍息的姿势站在那儿,直到 13 响礼炮宣布美国国旗飘扬在乔治堡的上空。独立革命结束了。

在那个特殊一天的傍晚,华盛顿出席了华尔街的一场宴会。华尔街的黄金时代正在破晓。

〔1〕 大约在百老汇 115 号。

第十六章　华尔街：政府的中心

带着“撤退日”那天最后的欢腾回声，华尔街恢复到了毫无生气的状态，很长时间以来，这种状态弥漫了整个社区。很多美国城市都在战争期间忍受过艰难困苦；有几座城市被洗劫一空，部分街区被付之一炬；不止一座城市实际上被彻底毁灭。但是，7 年来，纽约城被冷酷无情地榨取到了枯竭的程度。的确，这座在 1783 年秋天被英国人放弃的城市，与他们在革命的第一年从华盛顿手里夺取的那个社会与商业中心比起来，相似之处非常之少。它的很多地方都处在一种难以形容的颓圮与衰败的状态，部分街区完全成了废墟，所有地方都堆满垃圾，散发着臭气。事实上，这个地方的整个面貌，连同它人去楼空的房子和空荡荡的街道，只有成群结队、四处觅食的肥猪在街上巡回游荡，这一切都让人联想起荒芜的乡村。它在 1776 年拥有25 000居民，而到战争结束时，顶多剩下12 000人，而且，这些人绝不是什么精华。许多最优秀的人在动乱初露端倪的时候逃到他们的乡间宅邸避难去了；所有有才干、有品格的爱国者，都随着华盛顿的撤退大军一起撤走了；大多数有影响力的亲英分子都在皇家军队撤走之前先行了一步。在这些形形色色的移民中，纽约失去了它所有领头的市民，其中许多人再也没有回来。毫无疑问，留下来的居民在占领军离开之后，并没有表现出非凡的能量，也没多少热心公益的精神，几个月来，这座荒芜的城市，既没有努力恢复它的贸易，也没有试着把那些被毁坏的房子收拾整齐。

到了 1884 年 2 月，许多熟悉的面孔开始重新出现。在这个月的早些时候，一小撮强有力的人物聚集在约翰·西蒙斯(John Simmon)的酒馆里(那是一幢很小的木质建筑，坐落在华尔街与拿骚街的西北街角上)，打算让詹姆斯·杜南(James Duane)就任纽约市的第一任美国市长。考虑到社区穷困潦倒的状况，这位热心公益事业的市民提出请求：就职典礼要办得既不花钱也不招摇。但这样一个特殊场合为什么要选择西蒙斯的酒馆呢？对于这个问题，我们完全没有把握。不过很有可能，多年来一直充当监狱的市政厅至今尚不适合担负起市政职责，而这家小酒馆是最近可以用来开会的场所；但也有可能，它的经营者的声望，使得商人咖啡馆没能把这一事件添加到它长长的历史荣誉清单上，因为约翰·西蒙斯好歹也算是个地方名流。[1] 事实上，许多年来，这位胖乎乎的酒馆老板那肥硕的身躯与和蔼的面容，一直是华尔街上人们所熟悉的景象，他习惯于居高临下地看着这条大街，蹲在自家的门阶上，跟所有路过的人打招呼。据传，当他去世的时候，人们不得不把酒馆的一部分拆掉，好搬出他笨重的尸体，这个故事是那年头的一个言之凿凿的传说。

詹姆斯·杜南[2]就这样不拘仪式地被授予了行政长官的职务，他是

市政厅

[1] “撤退日”那天傍晚，华盛顿出席了西蒙斯的酒馆里举行的一场宴会。

[2] 杜南的乡间宅邸坐落于格拉梅西公园，这个名字源于荷兰语 Krom messie(即“弯刀”)，一条小溪从那里穿过。

一个富有而优雅的人，他长期而有效的公共服务，使他完全有资格胜任这一工作。作为他的同僚一起宣誓就职的其他官员都是一些干劲十足的市民，他们的功绩有案可查。马里努斯·威勒特成了治安官，他是革命英雄，战争刚开始的时候，他曾在宽街上阻挡英国军队，不让他们挪用本地驻军的武器。理查德·瓦里克(Richard Varick)被任命为首席法官，他曾是华盛顿的下级秘书，还在斯凯勒(Schuyler)将军麾下效过力。丹尼尔·菲尼克斯(Daniel Phoenix)掌管财务部门，他是一位商人，作为自由之子和百人委员会的一员，他所提供的服务为他赢得了公众的高度信任。事实上，从混乱中建立秩序的任务，交到这些强人的手上，真是再合适不过了。新政府刚刚开始履行它艰巨的职责，全城立即就洋溢着一种更愉快的气氛。

当然，商业实际上已经彻底完蛋了，但商会好歹还在苟延残喘，偶尔在商人咖啡馆开个会什么的。1784 年 4 月 13 日，纽约市立法机关及时地使之成为了法人组织，并立即开始了贸易复兴的系统工作。然而，在这个衰败的城市里，有一个方面的活动需要鼓励，这就是诉讼。整个纽约州，尤其是在城市里，财产的所有权存在着严重的争议，考虑到互相冲突的殖民地法律和州法律，以及在军事当局的掩护之下所进行的五花八门的征用、归还、查封和认领，谁也不知道自己的权利和义务是什么，混乱达到了无以复加的程度。此外，面对这些法律的混乱和复杂化，所有保王党的拥护者都被剥夺了律师资格，至少在纽约的历史上，第一次出现了律师供不应求的情况。

第十七章　汉密尔顿与纽约律师

1783年冬天，两位崭露头角的律师匆匆踏上了这片福地，最早在华尔街上挂出的几块律师招牌当中，就有亚历山大·汉密尔顿的那块。几乎与此同时，在街的拐角上，亚伦·伯尔（Aaron Burr）也开始了他的才华横溢却变故频仍的职业生涯。[1] 然而，如果后者不那么足智多谋和精力充沛的话，他大概就不会被算在最早开业的律师当中了，因为获准进入法庭辩护席的规则很严格，而他服务于这个行当的年头，比规定的三年学徒期要少一年。但这样的障碍，不可能让像伯尔这样有才干的人知难而退，他立即去了一趟奥尔巴尼，亲自在法庭的面前申诉自己的案子。他辩解道，要不是受雇在军中效力的话，他可以在几年前就完成学徒期，任何规则都不应该旨在损害一个把自己的时间、体质和财富牺牲给国家的人。这个请求自然赢得了法庭的支持，规则被搁置一旁，伯尔轻松地通过了必要的考试。他匆忙打点行装，赶往纽约，在那里，他迅速获得了大量的业务。的确，伯尔与汉密尔顿一度在这一领域找不出几个竞争对手，但是，1784年7月，约翰·杰伊[2]成功地完成了出使欧洲的使命，回到了纽约。随着他的出

〔1〕 汉密尔顿的事务所在华尔街58号（现在的33号），伯尔的事务所在小女王街（雪松街）10号。

〔2〕 杰伊的事务所位于宽街8号。

现(以华尔街上举行的公众欢迎会[1]和荣誉市民的授予仪式为标志),一个强有力的法律荣誉的竞争者被添加到了迅速增长的名单中。不过,尽管律师花名册上很快就包括了 40 多个执业律师,但汉密尔顿和伯尔实际上却可以挑选自己喜欢的业务,而两个人在行使自己的优先选择权时所表现出来的判断力都非常有特点:伯尔从来只选择自己觉得有把握打赢的案子,汉密尔顿则会为他完全支持的任何诉讼作辩护。事实上,在开业后不久,汉密尔顿便冒着牺牲声望的风险、甚至冒着生命的危险,为一位富有的保皇党人辩护,当时,一位贫穷的女人根据《过错法案》(The Trepass Act)对这位富人提出了指控。[2] 这部法律是为了惩罚亲英分子的特殊目的而通过的,对于以牺牲公敌的利益为代价来帮助贫困市民而言,没有比这更好的机会了。在这样的环境里,辩护不仅是一件希望渺茫的事,而且还是一件最不愉快的工作。然而,汉密尔顿却大胆地攻击这部法律,并声称:它违反了和平协议承诺保护保皇党人享有财产权利的规定,他的案子陈述得如此漂亮,以至于不管民众如何吵闹叫嚷,他在法庭上还是大获全胜。然而,此事并未到此结束,接下来他又在报纸上跟人打起了笔战。他手里的那支笔是如此有力,以至于他的一帮反对者密谋要不断地向他提出挑战,直至他们当中的一个人要在一场决斗中让他沉默,但这一谋杀计划被迅速地披露了出来,接着便不了了之。这场著名的法律胜仗是在"市长法庭"上完成的,开庭的场所,是位于华尔街与宽街的西南街角上的一幢很小的建筑物。纽约的很多著名律师都是在那里接受他们最初的训练,除了伯尔、杰伊和汉密尔顿之外,就这样被华尔街所熟悉的人还有:詹姆斯·肯特(James Kent)、布洛克霍尔斯特·利文斯通(Brockholst Livingston)、摩根·刘易斯(Morgan Lewis)、罗伯特·特罗普(Robert Troup)、埃格伯特·本森(Egbert Benson)、亚伯拉罕·德·佩斯特(Abraham De Peyster)、约西亚·奥格登·霍夫曼(Josiah Ogden Hoffman)和约翰·劳伦斯(John Lawrence),其中有些人注定要成为举世闻名的法学家。从总体上看,这是一支年轻的律师队伍,因为在 1784 年,杰伊只有 39 岁,本森 38 岁,刘易斯

---

[1] 另外几件与华尔街有一般关联、与市政厅有特殊关联的事件包括:招待约翰·坦普尔(John Temple)爵士的欢迎会,他是第一位来自英国的总领事(1784 年 11 月 24 日);任命托马斯·杰斐逊为驻法公使(1784 年 3 月 24 日);对英国违反《和平条约》(该条约要求撤走驻军)的抗议;以及庆祝一艘商船成功地往返美国与中国的航行(1785 年 5 月)。

[2] 这个案子被称为"罗格斯诉瓦丁顿案"。

30岁，伯尔28岁，汉密尔顿和利文斯通都是27岁，肯特21岁；但其中有些人已经展现出了建设性的才能，他们很快就会参与到信用重建和促进市政改良的计划中来。1784年初，在汉密尔顿的指导下，纽约银行在商人咖啡馆被组织起来了[1]，同样是这幢历史建筑物，还目击了第一场实实在在的反奴隶制运动，因为正是在那里（靠近旧的奴隶市场），“解放奴隶协会”（杰伊后来成了这个协会的主席）举行了早期的几次聚会。

〔1〕这家银行最早安顿在女王街（珍珠街）156号的沃尔顿公馆，后来搬到了汉诺威广场11号，再后来是华尔街48号。

第十八章　大陆会议

在此期间，华尔街也逐渐清除了它7年以来所积聚的污秽与残骸，到了1784年6月，长老会教堂（在把它改造成陆军医院的时候实际上被拆除了）也得以充分修复，以迎接它陆续返回的信众。然而，没有人试图去重建三一教堂，这么些年来，它那令人悲伤的废墟一直默默注视着这条惨遭毁坏的大道。当然，那些曾经让华尔街引以为豪的房子依然耸立着，但它们一直被粗暴地对待，它们的主人已经没有能力把它们收拾妥当，所以，街道依然破旧如故，无人照管，这就是大陆会议宣布把纽约作为它的总部时华尔街的状况。对于这座正在挣扎奋斗的城市来说，这是一个天赐良机，因为大陆会议的存在，无疑会提高它的重要性和声望，尽管它的身体已经变得虚弱不堪。但对于充分利用这次机会，市政当局并没有做好准备。事实上，没有合适的住处提供给那些来做客的议员，而市政厅（这幢建筑物终于交给他们处置）并不太适合居住。然而，市政当局已经尽了最大的努力，实际上交出了整幢重新修缮过的市政厅，并把自己的官员和档案都搬到了华尔街与宽街的西南街角上的那幢建筑物里，这里曾经做过市长法庭。就这样，1785年，国家、自治市和各州的权力机构的所有代表，全都集中到了华尔街[1]，这里，每天聚集着像约翰·汉考克（James Madison）、鲁弗斯·金

〔1〕 1787年7月13日在这里通过了那份致力于大西北自由的著名法令，并实际上决定了当时已经开始的反奴隶制斗争。

(Rufus King)、内森·戴恩(Nathan Dane)、查尔斯·平克尼(Charles Pinckney)、理查德·亨利·李(Richard Henry Lee)、詹姆斯·门罗(James Monroe)、詹姆斯·麦迪逊(James Madison)等这样一些全国著名的政治家,他们与对面街角上那幢建筑里的律师和本市官员一起,构成了那个时代的"华尔街人"。

大陆会议的存在,以及来访者的不断涌入,导致了对本城住宅区内住房的强劲需求,而与此同时,几乎所有其他东西的价格都在下跌。华尔街的租金上涨得如此迅猛,以至于就连非常普通的住宅也不可能低于 70 英镑,外加税金——这在那个年头是一笔不小的数目,这自然影响到了土地的价格。但销售并不怎么景气,因为在 1786 年,华尔街经历了大概算是它的第一次金融恐慌[1],货币市场是如此缺钱,以至于现金几乎从流通环节消失了。的确,整个国家的信用体系几乎是暂停了,各州之间互相冲突的法律阻碍了商业的发展,使得贸易有完全消失的危险。

这就是人们为了组成一个永久性国民政府而开始那场伟大斗争时的情形,汉密尔顿以狂热者的热情和爱国者的无私,投入了这场斗争。在拟议中的《宪法》里面,有很多他不赞成的内容,他辉煌的法律业务,如果不是

从宽街上看到的市政厅

〔1〕 据同时代的一位新闻出版界的作家说,这座城市的情况普遍糟糕,以至于他爆发出这样的呼喊:"现金啊!现金!为什么你抛弃了自由的旗帜,并且让贫穷和挥霍成为我们的标志性特征。"

因为巨大的个人牺牲,是不可能没人理会的。但是,从 1786 年秋到 1788 年夏,他一直孜孜不倦地用声音和笔为联邦工作着,正是在这个关键时期,他撰写并发表了《联邦党人文集》中的文章——它们对结果的影响是如此深远。这 85 篇才华横溢的文章中,至少有 63 篇是汉密尔顿在他位于华尔街 33 号(当时的 58 号)的事务所里写成的,即使这条大街没有其他的权利要求承认其在历史上的重要性,就凭它与这一划时代功绩之间的联系,也足以确保它赢得全国性的名声。然而,尽管联邦领袖们做出了巨大的努力,加上几乎整个城市的强大支持,纽约州批准《宪法》的可能性看上去依然微乎其微,因为广大的乡村地区都强烈反对采用这部《宪法》,而他们的代表控制着大多数选票。尽管如此,汉密尔顿依然以不曾衰退的勇气继续战斗着。1788 年 7 月 26 日,他成功地把敌对的多数转变成了少数,结果以三票之差险胜。汉密尔顿凯旋而归,大批的人群聚集在华尔街,向他欢呼喝彩,城里所有的大钟同时敲响,11 响礼炮轰鸣,向他致敬。

在这场重大的胜利过去 4 个星期之后,华尔街挤满了工人。他们正在清理三一教堂黑糊糊的废墟,并拆毁市政厅,这里实际上将要建立一幢全新的建筑物,专门用于合众国的第一届国会。设计这幢建筑并指挥其修造的任务,委托给了皮埃尔·查尔斯·朗方(Pierre Charles,L'Enfant)少校。朗方是一位法国工程师,独立革命期间在施托伊本(Steuben)男爵帐下效命,赢得了很高的声望,他还因为规划这个国家未来的首都而赢得了不朽的美名。[1] 这位著名的建筑师把这幢大厦定位在拿骚街的南端,如今部分地被国库分库大楼所占据,它命中注定是一幢短命的建筑,它(或者说它鼎鼎大名的前身)所留下的惟一标志,就是华尔街与拿骚街拐角上那个古怪的急转弯,它标志着那条小巷界定其西立足点的拐点。但在它刚刚建成的时候,纽约城相信它将是一座时代的纪念碑,这个想法是很有道理的。可以肯定,在任何一座美国城市中,没有哪幢建筑有过这样令人印象深刻的比例,或者如此富有美感的设计,它的总建造成本绝对是空前的,但它的建设速度以及建筑师与承包商之间的争吵无疑导致了它糟糕的工艺质量,并决定了它在劫难逃的厄运。然而,在它完工的时候,它不仅实现而且超出了所有人的预期;因为它的外部效果(有着雄伟庄严的拱顶和古典式的圆柱)非常气派,令人印象深刻,其内部装饰让所有参观者惊叹不已,啧啧

〔1〕 朗方还受托设计过圣保罗教堂的局部。

称奇。事实上，大理石人行道、彩绘天花板、深红色的缎子顶篷和幔帐，以及漂亮的家具，被反联邦主义的新闻媒体认为是太过华丽了，他们在这幢建筑里看到了新政府贵族化倾向的新证据，于是激烈地抨击那位著名设计师，到头来，他的效力只不过得到了一点微不足道的荣誉，报酬则分文未取。[1]

1789年3月3日，在市首席法官把这幢建筑正式交给国会之前[2]，只有很少几个参议员或众议员抵达纽约市，在指定开会的那一天，参众两院都不够法定人数。事实上，直到3月30日，参议员才组织起来了，以宾夕法尼亚州的弗雷德里克·奥古斯塔斯·穆伦贝尔格(Frederick Augustus Muhlenberg)为议长，6天过去，参议院的议程才正式启动。然而，就在那一天，国会履行了它的第一项重要职责。第二天早晨，报纸上的一则短消息宣布：选举团投票已经于1789年4月6日在华尔街的联邦大厅里举行，结果一致通过华盛顿当选美利坚合众国第一任总统，约翰·亚当斯(John Adams)因为获得第二高的票数而当选副总统。

---

〔1〕 市议会提出给朗方750美元，外加一大片城市土地(这些土地后来变得非常值钱)，以及荣誉市民的身份。然而，朗方认为这些报酬完全不够，并拒绝接受。我们饶有兴味地注意到，在建造"联邦城"(这是当时人们对国家首都的称呼)期间，华盛顿本人显然发现了朗方是个颇难对付的家伙，因为在一封信中他这样写道："不管这种情形多么普遍，让人颇感遗憾的是，那些拥有特殊才能的人总是受到不良性情的影响，要么就是酗酒、懒惰或者拥有别的什么坏毛病，他们总是用这些糟糕品质折磨所有与他们打交道的人。但我不希望在朗方少校的身上遇到这些坏毛病。"

〔2〕 费城当时甚至表现出了对纽约的嫉妒，正像下面这封写给首席法官理查德·瓦里克(Richard Varick)的信中所表现出来的那样：

> 阁下：在我看来，市议会在这一天召集会议以通过一项把市政厅拨给国会使用的法案是完全必要的。法案应该在报纸上公布，并由您本人亲自向抵达本城的参议员和众议员们宣布，或者，如果您身体欠佳，亦可由贵部的一位委员或成员宣布。费城人正竭力在这方面挑我们的毛病。事不宜迟。因为按照礼节，绝对需要在会议召开的前一天为议员们提供一个地点。
>
> 您的A.汉密尔顿
> 1789年3月3日
> 致理查德·瓦里克

第十九章　华盛顿的就职典礼

从那时起，纽约城就处于充满激动和期待的焦虑氛围中，人们详尽地讨论了华盛顿招待会的计划。甚至就连亚当斯于 4 月 20 日抵达的时候(他将于 21 日正式就职)，尽管也有非常庄严的仪式，但几乎没有吸引任何人的关注。有消息说，华盛顿在从弗吉尼亚州前往纽约的途中受到了人们的热烈欢迎，这个消息搅得全城市民兴奋不已，他们发誓要让纽约的欢迎仪式配得上这座城市的历史上这一最伟大的事件。可以肯定，已经完全恢复其声望的华尔街抓住了这个机会，1789 年 4 月 23 日，勇敢的一幕呈现在涌进这条大街的人群面前。从东河到正在迅速拔地而起的三一教堂，每一幢建筑上都旌旗飘扬，其中许多房子上还装饰着花环和常青树枝；默里码头的阶梯铺着地毯，栏杆上披挂着深红色的布料，联邦大厅的山墙上出现了一只巨大的雄鹰，紧紧抓着 13 支箭，墙上还饰有美国的盾形纹章，这是最近安装上去的，伴随着令人难忘的隆重仪式，为这幢国会大楼添上了最后一笔。

23 日上午 9:00 的时候，华盛顿抵达新泽西州的伊丽莎白镇，直到下午 3 点，纽约城才鸣响礼炮，敲响大钟，向聚集的人群宣布：他那艘豪华的游艇已经出现在东河上，由 13 名身着白色制服的领航员驾驶。到这时，整个水边码头区已经是黑压压的一片，所有屋顶和窗户上都挤得满满的。在人们欢呼的声浪中，游艇驶向华尔街码头，而 15 年前，洛克耶船长就是从那里灰头土脸地狼狈逃走。当人们的欢呼声簇拥着这艘历史性的游艇靠

乔治·华盛顿(1732～1799)

岸的时候[1]，乐队加入了钟声的合奏，礼炮在喧嚣的欢迎声中鸣响。与此同时，那位万众瞩目的人从他在船尾的位置上站起身来，他朴素的浅黄与蓝色相间的制服与台阶上深红色的装饰形成鲜明对比，当他的手触到栏杆的时候，雷鸣般的欢呼声淹没音乐和钟声。然后，他步行穿过沸腾的人群，登上供他使用的马车。在成千上万人的欢呼声中，华盛顿经过了华尔街，进入女王街(珍珠街)，由此通过那条大道——它的人行道是如此之宽，以至于"三个人可以并排走过"——走向富兰克林之家，那里已经准备好了欢迎他的招待会。

欢乐的一天就这样结束了，但在接下来的整个一周时间里，纽约城始终处于兴奋之中，因为来访者们从四面八方乘坐各种交通工具络绎不绝地来到现场，直到每一家客栈和私宅都人满为患，就连最简陋的住处也卖出了很高的价钱。与此同时，越来越多的参议员和众议员出现在联邦大厅

[1] 在码头上等候的人群当中，有克林顿州长、摩根·路易斯上校(后来的纽约州长)、市长及其他市政官员，还有法国与西班牙的公使，以及许多军官。

华盛顿抵达纽约码头

里,这些人有:奥利弗·埃尔斯沃思(Oliver Ellsworth)、罗伯特·莫里斯(Robert Morris)、塞缪尔·奥蒂斯(Samuel Otis)、罗杰·谢尔曼(Roger Sherman)、詹姆斯·麦迪逊(James Madison)、乔纳森·特朗布尔(Jonathan Trumbell)、理查德·布兰德·李(Richard Bland Lee)、埃尔布里奇·格里(Elbridge Gerry)、威廉·塞缪尔·约翰逊(William Samuel Johnson)、约翰·佩奇(John Page),以及其他人,他们的名字已经或将要在这个国家的历史上变得闻名遐迩,每天都可以看到他们在华尔街上讨论国家礼节和仪式问题,以及迫在眉睫的就职典礼的其他细节。事实上,为这一伟大事件所做的全部准备工作,在那天到来的时候都还没有完成;当教堂的钟声开始召集人们去各自不同的做礼拜的地方执行为 1879 年 4 月 30 日早晨规定的特殊宗教仪式的时候,国会议员们才匆匆忙忙地被召集到一起,以完善他们的准备工作。与此同时,部分就职典礼的游行队伍已经在联邦大厅门前列队完毕,等到长老会教堂的会众们举行完仪式来到大街上的时候,他们发现,华尔街上彩旗招展,编结着常青树枝花彩,密密麻麻地挤满了观众,堵塞了每一条通道,把附近所有的屋顶和窗户挤得满满的。然而,直到 12 点钟的时候,游行队伍才开始从总统官邸出发,即使到这时候,参众两院也还依然在讨论他们应该以什么样的礼节接待华盛顿,而华盛顿又应该以什么样的形式向他们致辞,场面有些热烈,甚至有不小的混乱。又过去了一个小时，聚集在华尔街和宽街上的密集人群维持着他们完美的秩序；终于，在中午13:00的时候，游行队伍才出现在人们的视野里，从大码头街(珍珠街)进入了宽街，斯托克斯(Stakes)上校和他的骑兵很轻易地分开了欢呼的人群。在距离联邦大厅不远的地方，总统的马车停了下来，在塞缪尔·布拉奇利·韦布(Samuel Blatchley Webb)将军(本城的花花公子)、尼古拉斯·菲什(Nicholas Fish)上校、威廉·史密斯(William Smith)上校、弗兰克斯(Franks)上校、伦纳德·布利克(Leonard Bleecker)少校和约翰·R. 利文斯通(John R. Livingston)等人的护送下，华盛顿穿过列成两排的骑兵，走向参议院的会议厅，其他委员和贵宾排成庄严的队列紧随其后。

接下来，在那些负责准备工作的人当中发生了某种恐慌，因为直到这个节骨眼上，人们才发现有一个重要细节完全被疏忽了，那就是，联邦大厅里没有一部给政府成员宣誓用的《圣经》。然而，首席法官利文斯通临危不乱，赶忙派了一名使者去位于百老汇115号的圣约翰(共济会的)会所，拿来了一部必不可少的《圣经》。不大一会儿，华盛顿迈步登上了朝向华尔街的阳台。刹那间，他完全站在了集会群众的视野里，人群爆发出狂热的欢呼，向他的出现表示致意，这迫使他后退了一步，他显然被深深感动了。华盛顿穿着一套深褐色的衣服，金属纽扣上装饰着鹰，长袜是白丝绸做的，鞋扣是银质的。腰间佩着一把简朴的铁柄佩剑，他的假发是那个时期流行的式样，站在他旁边的是罗伯特·利文斯通，穿着正式法袍。站在这两个人周围的有约翰·亚当斯、乔治·克林顿、罗杰·谢尔曼、施托伊本男爵、塞缪尔·奥蒂斯、理查德·亨利·李、亚瑟·圣克莱尔将军和诺克斯将军，在他们身后(但从华尔街上看不到)，站着国会议员和其他著名的观礼者。[1]

当陪同人员各就各位的时候，出现了片刻的停顿。接下来，参议院秘书塞缪尔·奥蒂斯捧来一个深红色的垫子，上面放着那本慌慌张张借来的《圣经》[2]，呈递给主持宣誓的首席法官。宣誓之后，华盛顿亲吻了《圣经》。接着，首席法官正式宣布："合众国总统乔治·华盛顿万岁！"仪式在

〔1〕 当时，亚历山大·汉密尔顿通过他在街对面的房间的窗户注视着现场。6岁大的华盛顿·欧文(Washington Irving)也在观众当中。

〔2〕 这部《圣经》如今归圣约翰会所拥有，存放于纽约市的共济会教堂。据某些权威人士说，它在这一历史性场合的使用，并非出于偶然(如上所述)，而是故意策划的。

雷鸣般的礼炮声中结束，继之以人群爆发出的欢呼。

这就是让纽约成为国家首都的那个光荣的一天，在接下来的一个短暂却辉煌的时期，华尔街将赢得至高无上的政治优势和社会优势。

第二十章　著名的门阶

在华盛顿政府创建的那一年里，纽约城里挤满了来访者，对他们当中的许多人来说，这座有3万居民的世界性城市想必是一个令人惊叹但并不完全令人愉快的新发现。毫无疑问，它的住处暂时尚不尽如人意，因为它还没有从战争的影响中恢复过来；它的房子和街道尚处在糟糕的条件中，那些在它的大门之内逗留过的人，往往会感到强烈的不适。事实上，在这座国家的首都中，只有一个街区有幸逃脱痛苦的抱怨和轻蔑的描写（这些都被详细记录在那年头的日记和通信中），这就是华尔街。无论如何，对这条秩序井然的大道，即使是最不满的陌生人，也常常会说上一两句赞美的话，尤其是在天气晴好的下午从丹尼尔·麦考密克（Daniel McCormick）的门阶上观赏华尔街景的人。当然，有幸获准加入那位单身王子的小圈子的人寥寥无几，但是，那些应邀从39号[1]（位于街的南面）这个有利位置观看过往人群的客人，都目睹过一个特别有趣的情景：他们身边的这个人，几乎认识所有人，对每个人都了如指掌，并且能准确地评估所有过路人的社会地位。事实上，麦考密克那幢好客的宅邸是一个消息中心，是上流社会的闲言碎语交换所，而在共和国成立的第一年里，华尔街就是上流社会的中心。

---

〔1〕 这是华尔街的老编号。要把这条街上相应的房子编号定位到它今天所在的位置非常困难，因为直到1790年末，这些编号才有了规律或顺序。然而，5号显然在华尔街与威廉街的西北拐角上，20号是华尔街与水街的街角之一，32号在商人咖啡馆附近，44号是华尔街与威廉街的东北拐角东面的一扇门，81号是对面街角的一扇门。

市政厅公园

战前，华尔街的社会声望仅次于珍珠街[1]，但那条著名的大街，尽管依然自夸拥有城里最漂亮的房子，然而它最美好的时光却已经屈指可数了，只能眼睁睁地看着它的竞争对手如今获得了至高无上的政治、社会和历史地位。表面上看，华尔街的外观并不像 10 年或 15 年前那么富有魅力，因为它那些漂亮的林阴树只有很少保留了下来，它独特的面貌已经一去不复返，再也不会有昔日的风采了，因为地方当局已经通过法令，在凯瑟琳大街以南的任何地方栽种一棵树都将被处以 5 英镑的罚款，在教堂或其他公共建筑的前面栽树除外，似乎没有一个人愿意对这一法律是否明智提出质疑。然而，从建筑学的立场上看，它的环境有了很大的改观，因为联邦大厅远比老的市政厅要雄伟壮观得多，而从废墟上拔地而起的三一教堂也远比从前的三一教堂更有气派、更令人难忘。此外，街道的整体面貌也比从前更固定、更坚实，住宅更整齐，因为从百老汇到珍珠街，除了贝克酒馆、位于新街街角的一家俱乐部的总部、几家商店（如亚当·普赖尔商店、59 号的时尚中心和潘顿商店）、38 号的那家大珠宝商以及公共建筑和教堂之外，几乎每一幢房子都是很气派的私人住宅，房子上都钉有一块很小的卵

〔1〕 在这一时期，只有从现在的州街到宽街之间的那一段才被称为珍珠街。从宽街到华尔街之间的那一段则被称做大码头街，从华尔街到查塔姆街之间的那一段是女王街。最漂亮的房子都在大码头街那一段。

形马口铁，表示它已经在“共同保险公司”及时地投了火灾保险。

然而，对于那些在节庆日里从丹尼尔·麦考密克那高高的门阶上观赏街景的人来说，令他们入迷的并不是砖石筑成的华尔街。他们感兴趣的是生活的全景，是不断变换的人物形象，欢快的色彩，离奇有趣的性格，名流显要，时尚与癖好——这个微型的浮华世界中所有人的因素，踩着时髦的步伐，大摇大摆、自鸣得意地穿街而过，那里，到今天依然回旋着仓促忙乱的生活潮流。这里，我们走近了一位值得注意的老绅士，他身着黑色的牧师长袍和白色的领饰，戴着厚重的白色假发和三角帽，佩着银鞋扣，他穿过人群，表现出所有城市都会引以为豪的价值、智慧与文化，傲慢地用他那根金头拐杖戳着人行道，向左右打着最讲究礼节的招呼。麦考密克小圈子里的任何一个人都可以告诉没见过世面的人，这位就是长老会教堂的牧师约翰·罗杰斯(John Rodgers)先生，一位爱国者，一位如此庄重高贵的绅士，以至于他很少不穿僧袍就出现在公共场合。据谣传，他和妻子每天夜里就寝的时候都要互相鞠躬，行屈膝礼。这会儿又出现了一位老派绅士，穿着深红色外套，戴着三角帽，端坐在一辆古怪有趣的轻型马车的坐垫上，以领主的派头俯瞰着来来往往的芸芸众生，他的手骄傲地搁在他那根笨重的拐杖上，华盛顿的私人医生约翰·巴德(John Bard)博士是那个年头的时髦医生，在华尔街上，当上流社会外出兜风的时候，他的患者可以成打成打地计算。有一个相貌英俊的男人，这两位老先生都特别亲切地向他鞠躬致意，此人便是约翰·坦普尔爵士，他对“美国事业”的强烈倾向，让他丢掉了新罕布什尔副总督的乌纱帽，但却让他成为最受欢迎的英国总领事。[1]事实上，约翰爵士是纽约城的官方东道主，因为每当一位著名人物抵达这座城市的时候，他总是要召集一个仪式来欢迎客人，社区里其他人没有谁比他更普遍地受到赞赏。

按理说，在那个年头深受公众青睐的代表性人物，应该是法国人而不是英国人，但是，如果你在人群中注意到了蒙斯蒂尔(Moustier)男爵那双红跟鞋和金耳环并打听此人是谁的话，你就会得知：男爵阁下并不怎么招人待见。男爵的妹妹布里埃纳(Brienne)侯爵夫人，就是那位正在轿子里向过往行人点头致意的女士，因为她的招待会而受到人们的讨好奉承，而

[1] 约翰·坦普尔爵士(他娶了马萨诸塞州的鲍登小姐为妻)死在纽约，并被埋葬在圣保罗教堂的墓地。那块纪念他的牌匾至今依然挂在这座教堂里。

在背后却又被人们无情地嘲讽。然而必须承认，侯爵本人的礼节甚至比他妹妹的客人们的更加糟糕，因为——如果麦考密克小圈子里的闲言碎语可信的话——有一次，他居然带着自己的厨子去副总统亚当斯的家里做客，并在主人的餐桌上让人用他自己的私人餐具侍候他，还若无其事地评论道：他在纽约城的一些糟糕的晚宴上有过一些不愉快的经历，实在受不了再重复这样的经历了。

草地保龄球馆

这些鼎鼎大名的绅士当中，大概没有一位会被陌生人认出，但在来往穿梭的人群中，却有一些面孔被纽约之外的人们所熟悉。比如说，几乎每一个弗吉尼亚人都认得众议院议长赛勒斯·格里芬(Cyrus Griffin)和他的妻子克里斯蒂安娜(Christiana)夫人，他们在弗吉尼亚州家喻户晓；还有最近刚从凡尔赛宫廷回来的托马斯·杰斐逊，穿着红背心和马裤，他的同胞们对他的熟悉程度丝毫不亚于对上流社会的时尚领袖们。在这里，你还会注意到约翰·汉考克(John Hancock)，他的名字在历史花名册上一眼便能认出；还有首席检察官亚伦·伯尔(Aaron Burr)，每一个人(尤其是女士)都会热忱地向他挥手致意，他也因此而引人注目，他总是格外讨女士的欢心；还有福吉谷的练兵天才施托伊本(Steuben)男爵，他如今是辛辛纳提协会的会长；还有肖像画家约翰·特朗布尔(John Trumbell)，他曾在本杰明·韦斯特(Benjamin West)门下学艺；还有海军准将保罗·琼斯(Paul

Jones)，上流社会更喜欢称他为骑士。那年头，关于这位英勇能干的小个子海军准将，有很多有趣的传闻在流传，其中有个故事人人都在讲，说的是他和兰代斯(Landais)上校有过一次激动人心的遭遇战。兰代斯是海军军官，人们相信，在“好人理查德”号与“塞拉皮斯”号之间的那场战斗中，他所表现出的判断力要胜过勇敢，而审慎要超过判断力。事实上，那个关于琼斯的故事提到，在那场交战中的大多数时间里，这位法国人都安全地保持在射程之外，当他终于冒险接近到足以装弹射击的时候，他却晕头转向，找不着北，对着“好人理查德”号而不是他的对手一通扫射。在经过这样一场绝妙的表演之后，他又一次消失在地平线上，再也没有露面，直到赢得胜利的那一天。兰代斯拒绝承认这些指控，直到告别人世的那一天。但调查法庭依据其他理由判定他有罪，打那以后，这个世界似乎就不够宽阔，真正是冤家路窄。当时有人谣传，说他曾在华尔街迎面碰上了琼斯，并朝人行道上吐了一口唾沫，以极其微妙的口气宣布：诽谤他的人可以把人行道看作是自己的脸。有人认为这个故事典型地反映了法国人的演戏本能，但很少有人相信他真的能有足够的勇气，并在有生之年讲述这个故事。尽管如此，有些人想必还是相信这样的奇谈，因为琼斯的激烈否定言论由他亲自署名被刊登在一家主流报纸上。[1] 闲言碎语继续在私下里口耳相传(公开谈论担心他们承受不了)，嘀嘀咕咕地延续了很长一段时间。然而，在匆匆走过的行人当中，还有一些人，关于他们的流言蜚语，措辞就不那么谨慎了。比如诺克斯(Knox)将军夫人，看上去比战争刚开始的时候明显胖了很多，也完全不像当初那么浪漫。想当年，她因为亲英的父亲不同意女儿给自己找一个造反派女婿，而跟亨利·诺克斯(Henry Knox)私奔(当时诺克斯是波士顿的一位书商，后来成了炮兵)。但是，在那些出生入死的战斗中，陪伴在她丈夫身边的，却不是这位粗心的年轻新娘，而是那位粗腰的护士长，此人是他们那个圈子里的马勒普罗(Malaprop)太太(谢里顿的戏剧《情敌》中的一个人物，由于乱用词而受人嘲笑，她的名字成了用词不当的代名词。——译者注)，对她那些新奇独创的评论，上流社会的人都把脸藏在他们那操练有素的扇子后面，不太客气地暗自窃笑。

---

[1] 1787年10月29日《纽约邮报》(*New York Packet*)。

第二十一章　时尚与显贵

把人行道挤得满满的，是一帮打扮得很时髦的家伙，男人们穿着蓝色外套，不同颜色的马甲，以及长及膝盖的马裤，与女士们艳丽的绫罗绸缎交相辉映，给眼前的场景带来明亮和喜庆的气氛。事实上，有些男人打扮得比女人更加花里胡哨。比如约翰·拉梅奇(John Ramage)，此人是一位爱尔兰微缩画家，他的画室在威廉街，离华尔街不远，他总是穿着这样一身行头加入散步的行列：一件缀着珠母纽扣的深红色外套，一件绣着彩色花束的白绸马甲，缀着人造宝石膝扣的黑缎马裤，白色丝袜，还有一顶小三角帽扣在他那头敷了粉的卷发上。与这身花里胡哨的装扮形成鲜明对比的，是对巴黎最新款式的描述——其所偏爱的风格，让人联想到极为简朴的女性。这套新式装扮包括："一件上衣和一条衬裙，二者都是用同样的灰色条纹丝绸做成的，周围饰以打有孔点的薄纱，仿照赫里逊的样式，用缎带或意大利薄纱制成。"与此搭配的是"一条薄纱大手帕，绕着它的边沿带有四根缎子条，两条宽，两条窄，手帕本身是 1.5 平方厄尔。至于头饰，则是一个朴素的薄纱帽子，样式则是女修道院里上了年纪的女人或老妇人所戴的那种。"[1]然而，并不是所有的女人都表现出了这样一种朴素的品味，因为到处都可以看到"天蓝色"和"用意大利平纹皱丝织品做的短上衣和衬裙"，以及"有两个领口的上衣，一个

〔1〕 1780 年 5 月 15 日《纽约公报》(*New York Gazette*)。

约翰·杰伊夫人无疑是当年华尔街上最耀眼的社交明星之一

领口是黄色的,另一个是白色的,"还有"带有玫瑰花饰的蓝缎鞋",在穿着这些鲜艳服饰的人当中,可以点出那个时代所有的社交领袖。眼下在这里漫步的有:约翰·瓦特(John Watts)先生和夫人,后者更多地被称为玛丽夫人(因为共和国宫廷里的精英们依然小心翼翼地让女人的称号符合她们的身份);助理财政部长威廉·杜尔(William Duer)和他的妻子(那个年代的基蒂夫人);亚历山大·汉密尔顿上校和夫人;参议员拉尔夫·伊泽德(Ralph Izard)和夫人(她是纽约的德兰西小姐);还有许多别的夫妇,他们的名字广为人知。

实际上,我们完全可以把约翰·杰伊(John Jay)夫人几乎任何一份夏日午后的客人名单拿来点名,以报告或说明出现在华尔街上的社交精英;因为许多最显赫的家族,比如温思罗普家族(The Winthrops)、杰安西家族(The Jaunceys)、维普朗克家族(The Verplancks)和拉德洛家族(The Ludlows),当时依然住在这条大街上,国会里几位鼎鼎大名的议员,比如理查德·巴西特(Richard Basset)、本杰明·康蒂(Benjamin Contee)、托马斯·桑普特(Thomas Sumpter)、伊莱亚斯·布狄诺特(Elias Boudinot)、兰伯特·卡德瓦拉德(Lambert Cadlwallader)和理查德·布兰德·李(Richard Bland Lee),都在劳埃德·多布尼(Lloyd Daubency)夫人[1]那幢时髦的寄宿公寓订了房间。事实上,这家高档公寓给几乎每一位显赫的来访者在华尔街提供了临时住处,那些从那里得到住处的人的确很幸运,因为商人咖啡馆已经风光不再[2],而弗朗西斯的旅馆,在它的经营者布莱克·萨姆(Black Sam)承担了总统的家政服务之后,也不再是一家令人满意的旅馆。然而,对于风尘仆仆的旅人来说,在81号(华尔街与威廉街南街角之一)还有一处遮风挡雨的庇护所,这家私人旅馆(它很喜欢"哈克"这个平民化的名字)庇护过丹尼尔·休格(Daniel Huger)、托马斯·图德·塔克(Thomas Tudor Tucker)、埃丹努斯·伯克(Edanus Burke),以及其他来自南方的国会代表。

从麦考密克那好客的门阶上,游客同样可以看到大多数纽约官场生活代表性人物的住处。在华尔街与威廉街的西北街角上,住着荷兰公使范·伯克尔(Van Berckel);5号住的是参议院秘书塞缪尔·奥蒂斯;8号是邮政局长威廉·伯德洛(William Bedlow);13号是纽约市的第一位众议员约翰·劳伦斯,他后来成了法官和联邦参议员;44号是第一位港口收税官约翰·兰姆(John Lamb)将军;52号是市长理查德·瓦里克;58号是财政部长亚历山大·汉密尔顿;60号是审计局长威廉·欧文(William Irvin);64号是高级治安官詹姆斯·卡伯特森(James Culbertson);而在另外一些地方,还住着丹宁(Denning)、威尔克(Wilke)、平塔德(Pintard)、埃德加(Edgar),以及那个时代其他显赫的纽约人。

这就是在华尔街生活、活动、存在的一些男男女女,那些碰巧在华盛顿乘坐国宾马车赶去出席国会的时候出现在现场的游客,能看到华尔街最棒的场面。那是令人惊叹的一幕,淡黄色的总统马车[3],带有装饰性的车顶,装饰着镀金的山林女神和丘比特,华盛顿无疑常常希望自己的出行是一桩微不足道的小事,在他的马车辘辘驶过华尔街、前往联邦大厅的时候不那么引人注目。事实上,在他许许多多让人伤透脑筋的公共职责中,他最不喜欢的恐怕就是招摇过市了,尽管反联邦主义者们总是嘲笑他

[1] 劳埃德·多布尼夫人结婚前的名字是玛丽·考文垂(Mary Coventry),是大家闺秀。她跟第五世考文垂伯爵是亲戚。她的家庭在三一教堂占据第14号长椅很多年。[巴雷特:《纽约的老商人》(*Old Merchant of New York*),第四卷]

[2] 尽管这家有历史意义的旅馆(当时称为"布拉德福旅馆")已经风光不再,但它后来还被很多机构使用过,其中有海事学会、纽约医院、辛辛那提兄弟会和圣约翰共济会2号会所,还有很多其他组织把这里作为他们开会的场所。

[3] 这辆有历史意义的马车后来被拆散,在教堂集市出售,它的座位和踏板被那些毫无想象力的人得到了,他们把这些东西改造成了花园装饰。

的贵族趣味和倾向。但普通百姓无疑很喜欢这种壮观场面，每当总统的马车大摇大摆地进入视野的时候，本地所有的人都跑来观看：衣着华丽的车夫坐在王座一样的车厢上，男仆站在车后，六匹马被打扮得花里胡哨，马蹄上都漆成五颜六色，前面是身穿制服的骑马侍从引导，后面跟着随行队列。

华盛顿总统的座驾

事实上，当华盛顿的官邸依然设在纽约的那段时期，华尔街很少看到总统。当然，他出席了就职典礼舞会，那是 1789 年 5 月 7 日在百老汇的市议会大厅举办的，正好就在华尔街尽头。舞会上，他跳了两支戈蒂雍舞，大概还跳了一支米奴哀小步舞。关于这一事件，杰斐逊留下了一篇记述，人们没准会认为它出自现代新闻业某位最富有想象力的、专门制造轰动效应的记者的手笔。总统同样赏光出席了法国大使馆举办的盛大晚会，舞会上，那些参加四对舞的人都穿着象征美国和法国的华丽服装，盛宴“在 10 点钟的时候达到高潮”；但很少有证据表明他出席过那个时期另外一些著名的盛大舞会和娱乐活动。[1] 他也没有光临过华尔街上举办的一些著名

〔1〕 在这一时期，华尔街附近的舞蹈学校至少有三所以上。

宴会，在华尔街社交活动欣欣向荣的那些年里，这些宴会让这条大街闻名遐迩，当时的很多名流要人聚集在好客的餐桌周围。这部分地要归因于他母亲的去世（此事就发生在那一年），以及他自己糟糕的健康状况。但分身乏术是他缺席这些场合的主要原因，他当时的一封信显示，他和他的妻子从未有机会单独在一起吃饭。事实上，他在城里没呆多久，人们就摸清了某些一般规律：他会发出或接受什么样的邀请。汉密尔顿[1]拟订了一份简单的计划，管理总统的娱乐活动、招待会、宴会、访问，等等，这份计划直到今天都一直支配着白宫的每一位主人，改动非常小。因此，我们完全可以说，总统官邸的礼仪规定就是起源于华尔街的，在这条街上，汉密尔顿和他漂亮的夫人以热情好客而著称。

在他们家的餐桌旁，聚集着一些杰出的政治家，比如杰斐逊、诺克斯、

雍容大度的汉密尔顿夫人是当年华尔街上最热情好客的女主人之一

〔1〕 华盛顿似乎草拟过一份清单，列出了关于他的职务行为和礼节的问题，并把它提交给了汉密尔顿和亚当斯。（参见麦克马斯特《美国人的历史》第一卷。）

亚当斯、杰伊、麦迪逊等人。[1] 在这些场合，觥筹交错之间的三言两语都被人们热切地期待，并得到五花八门的解释。因为，这个国家的历史上不少重大事件就是在华尔街这些小规模晚餐会上开始的。事实上，政治领袖们通常是在这样的场合，通过措辞谨慎的祝酒词，透露他们的政策和政纲，并非他们所有人全都像“技师与商人总会”的晚餐会上所提议的那么直来直去，这些人所提议的是：“弄一条蜘蛛网马裤、一副豪猪马鞍、一匹跑起来费劲的老马，针对一切自由之敌来一次长途征战！”汉密尔顿并不是这条街上惟一一个以此类招待活动而著称的人，荷兰公使范·伯克尔（Van Berckel）也总是在位于华尔街与威廉街西北街角的老马斯顿公馆举行家庭招待会，外交使团的所有成员都曾带着他们的妻子和家人去那里参加过正式的和非正式的酒会与舞会，而丹尼尔·麦考密克在 39 号举行的单身汉宴会也总是街谈巷议的材料。当然，这些娱乐活动中并没有什么豪华或奢侈之处。纽约依然是个品味比较简朴的地方小城，任何地方都看不到财富的炫耀。社交活动的重要性取决于其成员的个人品质，在城市的心脏地带，聚集着来自五湖四海的客人，这给了它某种气氛和声望，那种氛围在现在的环境下是不可能有的。

〔1〕 定都华盛顿的协议就是在杰斐逊家的晚餐会上达成的。

第二十二章 国家荣誉一去不返

尽管它的社交记录已经很辉煌，与此同时，华尔街丝毫也没有失去官方的尊贵地位，本质上还为它的历史桂冠增色不少。1790 年 3 月 25 日，三一教堂及时地开张了，它完全有希望继续作为官方礼拜场所的悠久传统。

与此同时，在国会大厅内，一些对国家来说至关重要的事务也开始办理。1789 年 4 月 7 日，参议院任命了一个委员会，为合众国法院制定一部法案。当年 6 月 12 日，理查德·亨利·李报告了由康涅狄格州的奥利弗·埃尔斯沃思(Oliver Ellsworth)拟订的法案，它让法律史上最强有力的法庭得以诞生。事实上，就在 1789 年 9 月 24 日，在位于华尔街与拿骚街街角的联邦大厅，华盛顿执行了他行政生涯中最重要的行动，就在那一天，他签署了这份创立合众国最高法院的法案。可以肯定，无论是在那一天之前还是之后，国会颁布的法令中，还没有哪一件像创立最高法院那样对美国历史有着如此深远的影响，从华尔街另一侧那家小小的法院里，走出了最高法院最早的两位大法官——约翰·杰伊与布洛克霍尔斯特·利文斯通。

1790 年 2 月，联邦大厅里发生了另一起重大事件，贵格会教徒们提交的一份请求废除奴隶制的请愿书引发了一场激烈的争论，富兰克林打算向同胞们提出的最后建议，以请愿书的形式被接受了。这份请愿书是富兰克林以费城促进废除奴隶制协会主席的名义签署的。关于这个问题的争论持续了一个多月，甚至在很早的时候，就风传有人在私下里嘀咕，威胁要脱

新建的三一教堂

离联邦。然而，导致威胁联邦解体的问题并不是奴隶制，而是汉密尔顿针对国家债务所采取的政策，对于那些鼓吹“州权”的人来说，这项政策似乎预示着对一切地方主权的废除。反对联邦计划的情绪是如此强烈，以至于汉密尔顿不得不做出巨大让步，在他所达成的妥协方案中，放弃了把纽约作为永久的首都。

与此同时，命运之神开始联手剥夺这座城市的官方荣誉，由于它格外闷热的夏天和寒冷刺骨的冬天让所有客居此地的国会议员对这座城市抱有偏见，同时也强化了那些没有受到青睐的社区的嫉妒和怨恨，它们全都为赢得这份奖赏而拼命竞争。这就是汉密尔顿与杰斐逊签订那份著名协议时的情形，根据这份协议，波托马克河被选为未来首都的所在地，费城给了 10 年的租借权，联邦政府批准承担几个州的债务。在这一妥协方案中，剥夺纽约市的官方性质的那部分采用了国会法案的形式，于 1790 年 7 月 16 日由华盛顿签署，但华尔街却有幸在它生效之前目睹了一个更为有趣的仪式。

在这个月的下旬，正在南方与克里克印第安人商谈和平协议的马里努斯·威勒特上校回到了纽约，还带来了这个部落的酋长和 28 名武士。在他们旅行途中的每一个落脚处，威勒特上校与其随行人员都受到了非常礼貌而盛情的接待。当他们抵达纽约的时候，受到了一个新成立的协会的欢迎，他们头上插着鹿尾，身上穿着全套的印第安人装束，并承担了活动的全部费用，引着那些茫然不知所措的红皮肤人向联邦大厅走去。

这就是坦慕尼协会的首次公开露面，这个组织成立于 1789 年，目的是传播“慈善的微笑、友谊的链条以及自由的火焰，总体上倾向于要让对自由的热爱或我们国家的政治优势永存下去”。这些值得尊敬的目标当中，似乎没有一项会要求该协会掺和到这件事情中来，以至于搞了一个自封的接待委员会去拜访克里克印第安人，但是，这样的场合无疑能起到让他们的组织一举成名的作用。在该协会的赞助下，活动——尽管多少有些滑稽——显然使得每个人都很满意。事实上，辛辛那提协会——它贵族式的自命不凡无疑会邀请圣坦慕尼进场——在这个场合与它的竞争对手亲如兄弟。1790 年 7 月 27 日，总统坐着他那辆华丽的马车，对华尔街做了最后一次公务访问，以签署与印第安人达成的协议，跟他们握手言和。

1790 年 8 月 12 日，国会休会。30 日，华盛顿乘坐当初把他带进这座城市的那艘豪华游艇渡过了北河，此后他再也没有见到过这艘船。几乎就在他离去之后，华尔街的变化开始了，这些变化让它在一个完全不同的历史时期拥有了一个全新的位置。

第二十三章　新时代的黎明

下了炮台公园，那幢作为总统官邸而设计的建筑正接近完工，走上华尔街，专门供国会使用的联邦大厅也差不多付清了工程款；但总统已经走了，一去不复返，费城成了首都。考虑到徒劳无益的准备工作（哪怕是滑稽可笑的工作），这种情形确实令人失望、让人丢脸，但纽约可没有时间浪费在无所事事的悲叹上。在一年半的时间里，作为联邦政府所在地的社会和政治荣誉，已经给了它令人愉快的声望，但纽约人的想法和雄心，却与更大的物质优势有关。此外，它依然是纽约州的首府，而且，华尔街作为市政厅的所在地，有着立法和市政方面的优势，它的政治地位并没有被完全剥夺。事实上，在国会放弃它之后不到 5 个月的时间里，这条大街就见证了一起对美国历史有着深远影响的事件。1791 年 1 月 3 日，在那幢通常依然被称为“联邦大厅”的建筑物里，亚伦 · 伯尔当选为联邦参议员。打那以后，一个新的、显而易见的麻烦因素被注入到了所有的政治考虑中。

伯尔突然之间的飞黄腾达，其确切原因从来没有得到过令人满意的界定，但有可能，他一直在培养与坦慕尼派之间的友谊，对这个组织，他后来发挥了一种居高临下的影响力，很有可能，该组织的某些显赫成员的赞许为他的成功帮了大忙。迄今为止，坦慕尼协会还从未正式表明过对政治有任何直接的兴趣。但有证据显示，该协会的领袖们已经在为政治开局调兵遣将，而且，它的守护神对“第二部落”孩子们的忠告也对未来的事件有着深远的意义。那位传说中的圣徒说：“老虎为你们提供了有益的教训。这

亚伦·伯尔(1756~1836)

种动物的极度敏捷,其视力的非凡迅速,尤其是,它在黑暗中的识别力,都教导你们,在各自的行业中要活跃,要积极;要注意你们所投入的每一场战斗,不要被白天的迷蒙薄雾和夜晚的暴雨狂风迷惑,从而看不见自己所追求的有价值的目标。"[1]

或许,这一忠告对该组织的创立者们并没有什么控制性的影响,但它的活动已经让它名扬天下,它早就在市政厅里获得了立足之地,为的是创立"美国历史博物馆"这样的公益目的。作为本城第一家公共图书馆的所在地,华尔街成了美国最早一批历史遗迹收藏的仓库。[2] 没过几年,华尔街就见证了纽约历史协会的创立,它早期的一些会议都是在市政厅的图画室里举行的。与此同时,另外一些协会也在同一片屋顶下获得了自己的立

〔1〕 据说,坦慕尼派的首领把他的人分成了13个部落,每个部落各有其图腾或符号,其形式是某种动物,这种动物的美德被首领向本部落推荐。纽约的机构声称自己属于第二部落。(参见德雷克《坦慕尼协会的历史》。)

〔2〕 这批收藏稍后搬到了华尔街南侧的一幢房子里,后来散失了,其中部分藏品落入了马戏团大亨 P. T. 巴纳姆(P. T. Barnum)之手。

足之地，因此，这里成了医学协会、圣塞西利亚协会、铀协会以及其他类似组织的总部，而在这条历史性大街的另一头，一批拍卖行正在静悄悄地塑造着它们的未来。然而，事实上，华尔街的命运早在杰斐逊家里的那次晚餐会上就被决定了，汉密尔顿在那里出卖了纽约城在政治上的长子继承权，以确保国债有人承担，因为，财政部为了给它的计划筹资而发行的公债券[1]大部分都是通过座落于华尔街东头的那些拍卖公司进行买卖的。实际上，纽约市第一家“股票交易所”大约于 1792 年 3 月 1 日在华尔街 22 号[2]开张营业，是拍卖商一方试图控制这宗生意的一次直接努力。一个古怪的事实是：加盟这项事业的人当中，有两个人——迈克厄佛斯(McEvers)和平塔德(Pintard)——代表了那些与华尔街早先的历史有着密切关系的家族。

就华尔街的外观而言，并没有发生什么显著的变化。但是，在一棵林阴树下[3](属于在革命时期侥幸逃过一劫的少数几棵林阴树之一)，如今每天聚集着一小伙人，充当着买卖公债券的经纪人，他们的存在，逐渐给附近安静住宅区的性质带来了变化。而且，有一点很快就变得明显了，这就是：这些人决心要维护他们已经获得的这块立足之地，因为拍卖商们联合起来威胁要把他们赶出这块地盘。他们迅速做出反应，对这种做法表示愤慨，并且毫不迟疑地向同盟公司宣战。1792 年 3 月 21 日，在科雷旅馆召开的一次会议上，他们决定不跟垄断者做生意。同年 3 月 17 日，他们签署了一份成文备忘录，就明确的佣金达成了一致，承诺在所有经纪业务中互相给予对方优惠。

这就是纽约股票交易所的起源，但并没有人做什么直接努力以期产生一个永久性的组织。许多年来，在那棵老梧桐树下进行的交易，几乎完全局限于买卖公债券。

在此期间，第一次值得注意的与这条大街的古老传统的决裂，发生在华尔街的东头。昔日声名显赫的商人咖啡馆正在走向末日。1793 年，一家竞争对手的成立使得它实际上已经黯然失色，这家咖啡馆开设在华尔街与水街的西北街角上一幢用捐款(唐提式养老金计划)[4]修建起来的现代

[1] 这种公债券实际上跟我们现在的政府债券是一回事。
[2] 这一时期华尔街的编号跟今天的编号几乎是一致的。
[3] 这是一棵梧桐树，位于华尔街 68 号～70 号之间。
[4] 共有 203 人为这项计划各捐助了 200 美元。

唐提咖啡馆

建筑内。这幢大楼(被称为“唐提咖啡馆”)不仅仅是作为一家酒馆来经营，而且还是商人们的交易所，完全有资格跻身于本城最早的知名办公楼行列，当时纽约市共有35 000名居民。1793 年，联合经纪人在这里建立了他们的第一个办公总部，没过多久，它就成了那场荒唐政治骚乱的风暴中心。当时，这场骚乱震撼了全城，由于那一时期缺乏更好的公共议题，法国与英国之间迫在眉睫的争斗变成了关注的焦点，人们纷纷站队，不是站在这一方就是站在那一方，地方选举成了这两个国家的支持者们激烈角逐的平台，他们丝毫不关心任何其他问题。这场角逐尽管是地方性的、很不庄重的，但在 1793 年，双方都情绪高涨，也正是在这个节骨眼上，华尔街被拖入了这场可耻的争斗中。

第二十四章　政治与佣金

麻烦是在唐提咖啡馆开始的，法国的热心支持者们在那里升起了一个"自由帽"，英国小分队立即威胁要搬走它。法国党于是在大楼上设置了守卫，挑衅他们的对手，双方的支持者都匆匆忙忙赶去救援，华尔街上很快就聚集了数百名怒气冲冲的人。然而，两派似乎都不大愿意采取主动，在双方孩子气地一再互相挑衅直至筋疲力尽之后，这场荒唐可笑的争斗便灰头土脸地结束了。

大约就在这个时候，法国海军军官博姆帕德(Bompard)指挥着军舰"伏击"号抵达纽约港，于是，辱骂和挑衅便雨点般地飞向那些经常去唐提咖啡馆的精神饱满的水兵们。最后，一艘美国海关巡逻艇的船长赶到现场，他带来了英王陛下的护卫舰"波士顿"号的舰长考恩蒂(Courtney)上校的口信，提出要跟法国指挥官来一场军舰决斗。这个非凡的信息居然被写在了咖啡馆的登记簿上。〔1〕当考恩蒂出现在城里的时候，博姆帕德立即与他发生了冲突。于是，准备工作很快就安排妥当，两艘军舰都驶出了海港，两位勇敢的绅士用大炮互相轰击了几个小时，在能够听见却又看不见的距离内，欢呼喝彩的声音在附近的山丘上此起彼伏。〔2〕

〔1〕《宾夕法尼亚公报》1793 年 7 月 31 日。

〔2〕这场引人注目的冲突发生在沙钩子码头附近。英国指挥官被杀。一些吃了豹子胆的水手居然大做广告：他们愿意带乘客去沙沟子码头观战。(《美国每日广告报》1793 年 8 月 1 日)

约翰·杰伊(1745～1829)

一年之后,法、英之争依然激烈,当时如果人们知道杰伊已经跟英国谈定了他那份著名条约的话,他的州长候选人的资格恐怕会受到严重影响。然而,1795 年 7 月 1 日,他稳稳当当地在市政厅就职了,条约的内容直到第二天才公开。然而,就在人们弄懂了其条款的那一刻,法国的支持者们顿时爆发出了愤怒的吼叫,他们尖叫着对这位政治家提出了无知与恶意所能杜撰出来的每一项指控,并且召开群众大会,要求经参议院之手否认他当选的效力。有一次这样的会议就安排在华尔街,汹涌骚动的人群聚集在市政厅的门前。然而,有一个强大的反法小分队出现在人群中,当有人试图推迟会议的时候,紧接着场面就出现了大范围的混乱。理查德·瓦里克与布洛克霍尔斯特·利文斯通试图向这帮乌合之众发表讲话,但被吼叫声所淹没。于是,亚历山大·汉密尔顿登上了他家位于华尔街与宽街拐角上的那幢房子的台阶,试图获得发言的机会。但暴民们把汉密尔顿视为一个臭名昭著的英国支持者,根本没心思去听这样一个人讲话,很快,石头便飞了过去。汉密尔顿宣布:“如果你们使用这样一种让人心惊肉跳的论据的话,那我就只好退避三舍了。”不大一会儿,这帮乌合之众从他身边呼啸而过,涌向草地保龄球场的政府大楼,杰伊在那里遭到了猛烈的抨击,人们要求拒绝批准他的条约，一份条约副本在州长官邸门前被付之一炬。然而，无论是华盛顿还是参议员，都没有对这些吵吵嚷嚷的示威给予丝毫关注，接下来发生的事件，证明了批准《杰伊条约》是正确的。事实上，没出几年时间，正是这帮人（他们对法国的极度热爱让人想起了宗教狂）当中的某些人，尖声喊叫着诅咒法国，强烈要求政府对它公开宣战。然而，与此同时，杰伊的声望并没有得到提升，因为在 1796 年，他拒绝光临坦慕尼协会的周年纪念活动，从而引起了他们的不快。

在这些动荡不宁的多事之秋，经纪人们的营业额并不是很大，生意依然局限于为数不多的几只股票。但是，在 1793 年继续聚集在那棵梧桐树下的一小伙人当中，有个人留下了一个笔记本，这个笔记本中的某些交易备忘录显示：18 世纪的经纪生意，某些方面在很大程度上与 20 世纪时是一样的。例如，在这个笔记本中，有一项日期为 1795 年 2 月 13 日的条目是这样的："我以 10 美元对 5 美元的赔率跟 G. 迈克厄佛斯（G. McEvers）打赌：在接下来的选举中，纽约市和纽约县不会有3 000张选票支持州长。"再有："1795 年 2 月 17 日，我跟老罗伯特·科克斯（Robert Cocks，Sr.）赌一条绸缎裤子：杰伊会以多出 500 票以上的票数当选州长。"

写下这些约定的人，在 1795 年那个寒冷的冬天，显然在做着轻松活泼的生意，但杰伊差不多是最后一个可以在他的竞选成功上稳稳当当地押上一条绸缎裤子或其他什么赌注的联邦主义者了，因为伯尔的政治幸运星正在冉冉升起；而坦慕尼协会也在为他提供汉密尔顿所谓的"死党"，以及西奥多西娅·伯尔（Theodosia Burr）所说的"第十军团新兵"。

然而，联邦主义者们依然有足够的力量固守权力，防止他们的对手帮纽约银行的任何竞争对手搞到特许状。纽约银行是在汉密尔顿的帮助下组建的，1798 年在华尔街与威廉街的东北拐角上迈克厄佛斯那一侧的一幢大楼里找到了自己的落脚之处。[1] 在它存在的 14 年时间里，这家银行获得了对本地银行业务实际上的垄断，当纽约的人口迅速增长的时候，这家联邦机构所提供的便利优势成了一笔很有价值的政治资产。实际上，有人公开指控，只有联邦主义支持者才能在那里得到方便，在立法机关中，每一次试图在这一领域扶持竞争者的努力都被立即阻止。然而，在 1799 年，伯尔作为一家公司的发起人出场了，这家公司表面上的业务是改进纽约的

---

〔1〕 参看华尔街 48 号现在那幢建筑上的碑铭。

供水系统。考虑到近来的疫病流行(通常被归因于劣质水),这项公益事业的策划者们被迅速授予了必不可少的特许状,批准了一笔200万美元的资金,并规定:任何余款都不得用于"可能以任何方式与合众国或纽约州的法律及宪法相抵触的"直接的商业经营。

这个立法"笑柄"并没有完全逃出人们的关注,但面对公司律师所提供的似是而非的解释,以及当局关于公共卫生的真诚忧虑,它实际上没有遭到任何反对。实际上,当伯尔及其追随者们认识到他们就要实现自己的目标的时候,要想掩饰他们的喜悦之情想必是很困难的。但他们的秘密还是保守得相当不错,直到曼哈顿公司在华尔街23号稳稳当当地成立,并把它的"剩余资本"用于银行业务上,联邦主义者们这才发现,他们的敌人已经偷偷地抢在了他们的前面,获得了一个牢固的位置,而且没法把他们赶走。从这时起,特许银行的生意就在立法会议上扮演了一个重要的角色。为了获得令人垂涎的特权,人们无所不用其极,这些手段,就连心肠最硬的现代腐败分子也会感到愤慨。但不出几年的时间,商人银行、机械师银行以及合众国银行纷纷组建成立,它们全都把总部设在了华尔街。[1]

从国会撤走到曼哈顿公司成立,所耗去的时间不到10年,在此期间,纽约市的人口从35 000增长到了60 000,它那条历史性的大街,其特征被逐渐改变。实际上,在19世纪的大幕徐徐拉开的时候,时尚的前哨就已经开

位于华尔街的早期银行

〔1〕 商人银行位于华尔街25号,合众国银行位于38号,机械师银行位于16号。

19世纪中叶的华尔街

始向公园路转移，这一迁移所留下的缺口迅速被金融业的先驱们所占领。然而，生意的规模依然不大，许多年来，这条大街依然保持着住宅区的样子。时尚再也没有青睐过唐提咖啡馆的这位邻居，像周围地区那样的私人住宅很容易成了商业入侵的牺牲品，但在珍珠街与百老汇之间，却是寸土必争之地，私人住宅一幢接一幢地节节败退。即使是在那时候，这些投降也常常设法掩盖事实，直到事情过去很久之后，由于大肆做广告的时代尚未到来，新的承租人常常更愿意选择不对建筑物做任何改变。到处都有招牌在展示，在少数地方，最古老的房子被现代建筑所取代，譬如纽约银行的房子，但除了这些特例之外，至今没有多少迹象表明即将到来的变化。

这就是华尔街在1804年7月11日早晨时的样子，当时，一份在唐提咖啡馆展示的新闻快报吸引了最早来到这里的人的注意，没过多久，报信人便把一个惊人的消息传遍了全城：汉密尔顿与伯尔进行了一场决斗，眼下，汉密尔顿就快要死了。从那一刻起，商业几乎是停止了，整整一天，大量的人群聚集在唐提咖啡馆的门前，注视着刊登这位著名政治家在生死边缘挣扎消息的新闻快报。最终的结局是在12日下午宣布的，14日星期六，华尔街目睹了这座城市的历史上一场最感人的葬礼。当汉密尔顿的遗体被运往三一教堂的时候，每一扇窗户里，每一片屋顶上，都挤满了前来为他送行的人。在华尔街与百老汇的接合处，军队排列成行，士兵们都低着头，把脸颊挨着他们倒放着的来复枪的枪托，做出悲痛的姿势。葬礼队伍从士兵们的队列之间通过，送葬的人当中，有州长，市长，法官，议员，外交使节，坦慕尼协会、圣安德鲁协会、哥伦比亚大学、商会等机构的代表，律师界的成员，法学院学生代表，以及数十位杰出市民。[1] 在三一教堂入口的前方，竖起了一个讲台，在这里，古维诺尔·莫里斯(Gouverneur Morris)发表了一篇演说。演说结束的时候，汉密尔顿的遗体以完整的军葬礼被运往教堂墓地，亨利·穆尔爵士、丹弗斯·奥斯本爵士、詹姆斯·德兰西及其他与华尔街历史有密切关系的人已经先他长眠于此，罗伯特·利文斯通、马里努斯·威勒特、摩根·刘易斯与罗伯特·富尔顿等人也将在这里找到他们最后的休息地。

亚历山大·汉密尔顿的长眠之地

[1] 参见1804年7月15日的《纽约晚邮报》与《纽约商报》。

第二十五章　最后的阶段

我们完全可以说，随着这一事件的结束，华尔街的政治史已经落下了帷幕，在接下来的 25 年时间里，已经破晓的新时代将缓慢却稳定地逐步展开。紧随着银行与保险公司出现的是律师。在大约 1809 年前后到华尔街建立事务所的为数众多的法律职业的代表当中，有一位年轻的律师，他的工作注定要给这条大街带来全新的、独一无二的声望。华盛顿·欧文（Washington Irving）最初在布洛克霍尔斯特·利文斯通（Brockholst Livingston）和约西亚·奥格登·霍夫曼（Josiah Ogden Hoffman）的事务所里研习法律，这两个人当时已经在华尔街与宽街街角上那座著名的市长法庭里执业。然而，1809 年，他与哥哥约翰·T. 欧文（John T. Irving）在华尔街 3 号联合执业，他的另一位哥哥彼得·欧文（Peter Irving）医生也在同一幢大楼里开了一家诊所，而且正是在这里，华盛顿·欧文开始撰写那部后来让他在整个英语世界扬名立万的《尼克波克的纽约史》（*Knickerbocker History of New York*）。[1]

与此同时，纽约又迎来了一次人口的惊人增长，1810 年的人口普查表明，城市居民不少于96 000人，此前 10 年的时间里，增长幅度超过了

〔1〕 这部书最初的构思，有华盛顿·欧文与彼得·欧文医生两个人的功劳。他们合著了开头几章，后来才由华盛顿·欧文单独撰写。

50%。到1820年，纽约的人口达到了123 000人。[1] 在达到这个惊人结果的3年前，以稳步增长的数量聚集在华尔街上的经纪人在"纽约证券交易委员会"的名号下组织了起来，并采用了一部成文的章程。但他们很快就被一场黄热病的爆发赶出了他们习惯上经常聚集的地方，暂时借百老汇与里德街拐角处的华盛顿大厅避难，而最后又回到了华尔街70号的"送信者与询问者"大楼，这幢房子在19世纪30年代的最后几年里一直庇护着他们。

1827年的商人交易所，后毁于1835年的大火。

到这一时期，曾经是政府中心和时尚胜地的华尔街已经彻底改头换面。联邦大厅，纽约城令人赞叹的奇迹，已经消失不见了，在它的位置上竖立起来的建筑物已经在弥漫的烟雾和熊熊大火中灰飞烟灭；合众国银行占据着现在化验所的位置；巨大的商人交易所（最近被海关废弃的那幢

〔1〕 到1830年，人口数约202 000，1840年是312 000，1850年是515 000，1860年是805 000，1870年是943 000，1880年是1 200 000，1890年是1 500 000。（参见《美国人口普查报告》。）

大楼就位于这里)修建起来了,它众多的承租人当中就有纽约证券交易委员会,到处是商业的嘈杂声,而且声音越来越大,变成了吼叫声。然而,老房子依然还在为新建筑让路。还有一些变化也在发生,当1835年的大火从这条大街横扫而过的时候,纪念碑式的商人交易所与其他建筑都被夷为平地;但几乎没有等到劫后余烬完全冷却,拆除和建造的工作就重新开始了,而且再也没有停止过。1839年,纽约《镜报》(*Mirror*)的编年史家这样写道:"从华尔街穿街而过从来都不是一桩容易事。漫步这条大街,无论是身体上还是财务上都有极大的危险。股票或许上涨,但石头却从四面八方不可思议地落下。曼哈顿公司和城市银行都被拆倒了,在长扫帚之下,老华尔街的大厦无一幸存。纽约,从我们认识它的那天起,就一直是一座现代化的废墟城市—— 一座不折不扣的太阳城,一天长起,一天坍塌。建造者前一天刚刚出门,毁灭者第二天就来接班。我们从不指望看到它大功告成,但我们却有一种最大的担心,唯恐看到它彻底从头再来。"

自从这几行字发表以来,已经过去了差不多70年,但它们准确地描述了现代的情形。而且,就在老《镜报》的这位作者描述华尔街物理面貌的3年之前,同一份杂志的另一位投稿人也记录了他对纽约城生活的某些印象,同样反映了现代的情形。1836年的这位观察者这样报道:"在上午10:00到下午15:00之间,华尔街挤满了投机者、货币兑换商、商人、银行主管、出纳员,以及一大群牛、熊、跛鸭子(这些都是股市上的行话。——译者注)。他们全都忧心忡忡,苦恼不堪,焦虑急躁,匆匆忙忙地走来走去,紧皱的眉头,渴望的眼神,算计的表情,不停的手势,以及由一连串愁眉苦脸的关注所表现出的种种迹象。华尔街是一个研究性格的好地方,道德家可以在这里找到材料,用纽约所特有的,即天底下其他城市皆没有的场景、事件、名流和规矩,来改写《旁观者》(*Spectator*)、《闲谈者》(*Tatler*)、《漫游者》(*Ramber*)和《卫报》(*Guardian*)。"

这就是华尔街在它1837年的第一次大恐慌发生前一年的情形。在接下来的3年时间里,经纪生意衰退严重,以至于证券交易委员会把它剩下的家当都分给了成员,它几乎等于散伙了,不过好歹还维持了一个名存实亡的总部,在华尔街43号杰安西大楼的一间房子里。然而,到了1842年,金融风暴总算过去了,在接下来的12年里,委员会占据了商人交易所阅览室上面的一间大厅,建在被大火毁掉的那幢大楼的位置上。在这段时间

19世纪50年代的华尔街

里，它变得如此繁荣，以至于引得竞争者纷纷进场。[1] 在整个这一时期，经纪人公开聚会的户外市场或地点就在华尔街与汉诺威街的街角上。但在1854年，委员会搬到了位于威廉街与比弗街街角的谷物交易银行大楼，从那天起直到现在，严格地说，股票交易所再也没有把它的总部放到华尔街。看来似乎是根据地的改变给它带来了坏运气，因为，与纽约银行和铁路的历史有关联的最声名狼藉的一桩丑闻——斯凯勒骗局——大约就在它搬迁的那段时间发生了，不久之后，它再一次搬到了威廉街的领主法庭、比弗街和交易大厦，1857年的金融恐慌引发了范围广泛的灾难和惊慌。这场金融震荡的巨大威力在华尔街也感受到了，因为到了这一时期，华尔街已经成了这个人口超过50万的大都会的银行业中心。实际上，早在1850年，就有不少于14家银行和69家保险公司落户华街[2]，在拥有数以千计承租人的现代写字楼尚遥遥无期的日子，这些公司几乎垄断了这块有限的地区。住宅区的所有痕迹早在很久以前就消失得无影无踪；长老会教堂已被拆倒，并且被一砖一瓦地搬到泽西城去了；海关（占据着拿骚街街角上从前市政厅的位置）已经建起来了，耗资巨大；街道稍稍拓宽了一些；

[1] 在1837年之前，它至少有一家强大的竞争对手，但在金融恐慌的那一年实际上被淘汰出局了。

[2] 材料出自那年出版的一本罕见的出版物（现藏纽约历史协会），题目为《纽约华尔街图画辞典》。

1790 年的三一教堂已经被毁，现在的建筑也竖起来了，其他的变化每年都在发生。

然而，直到 1863 年，老的证券交易委员会才成了举世闻名的“纽约证券交易所”[1]，又过了 6 年，它才把自己的股份跟竞争对手“股票经纪人开放委员会”的股份合并到了一起。接下来就出现了 1869 年 9 月 24 日的黑色星期五，当时，华尔街上挤满了垂头丧气的倒霉蛋和快要发疯的金融巨头，而一小撮策划阴谋的投机者，则在他们被自己挖的深坑吞没之前，就把破产的厄运分发给了成千上万的受害者。

从这时起，华尔街的历史就再也没法与相邻大街的历史区别开了。事实上，无论是对它的非难还是给它的荣誉，其中有很多根本与它没有干系，因为，如今以它的名义所实施的运作，涵盖了广阔的领域，绝不可能局限于它狭小的边界之内，“华尔街”这三个字，不再意味着三一教堂居高临下地凝视着的教规了。

但是，尽管在最近一百年里，华尔街的故事已经迷失在缤纷的色彩和如画的景观里，但它的名声在这一时期却几乎传遍了天涯海角，看来，这似乎是它注定要经受的、作为金融中心的最后阶段了。

然而，谁能说得清呢？这条狭长的地带，曾目睹了斯特伊弗桑特那排 9 英尺高的栅栏上升为那道环绕并掩蔽它的砖石巨墙；这是焚烧曾格的报纸、宣读《独立宣言》的现场；王室庆典的游行队伍曾打这里经过，那帮衣衫褴褛的欧洲人曾经在这里凯旋；这里是独立革命的论坛，是国家的诞生之地；这里是时尚的胜地和商业的心脏；这里有汉密尔顿的家；它是政治家的学校；是商业的火线；是政治和金钱的战场；是金融欺诈和投机狂欢的现场；这里有大声嚷嚷的得意和怒目圆睁的恐慌；这里是金钱蜘蛛的老窝和华盛顿·欧文的工场——这不是一条纯粹的大街或通道。它是一块具有历史意义的圣地，没人胆敢预言它最终的命运。

[1] 1865 年 12 月 9 日，它搬到了现在的所在地：宽街 10 号和 12 号。

下篇　资本大亨

——华尔街纪事

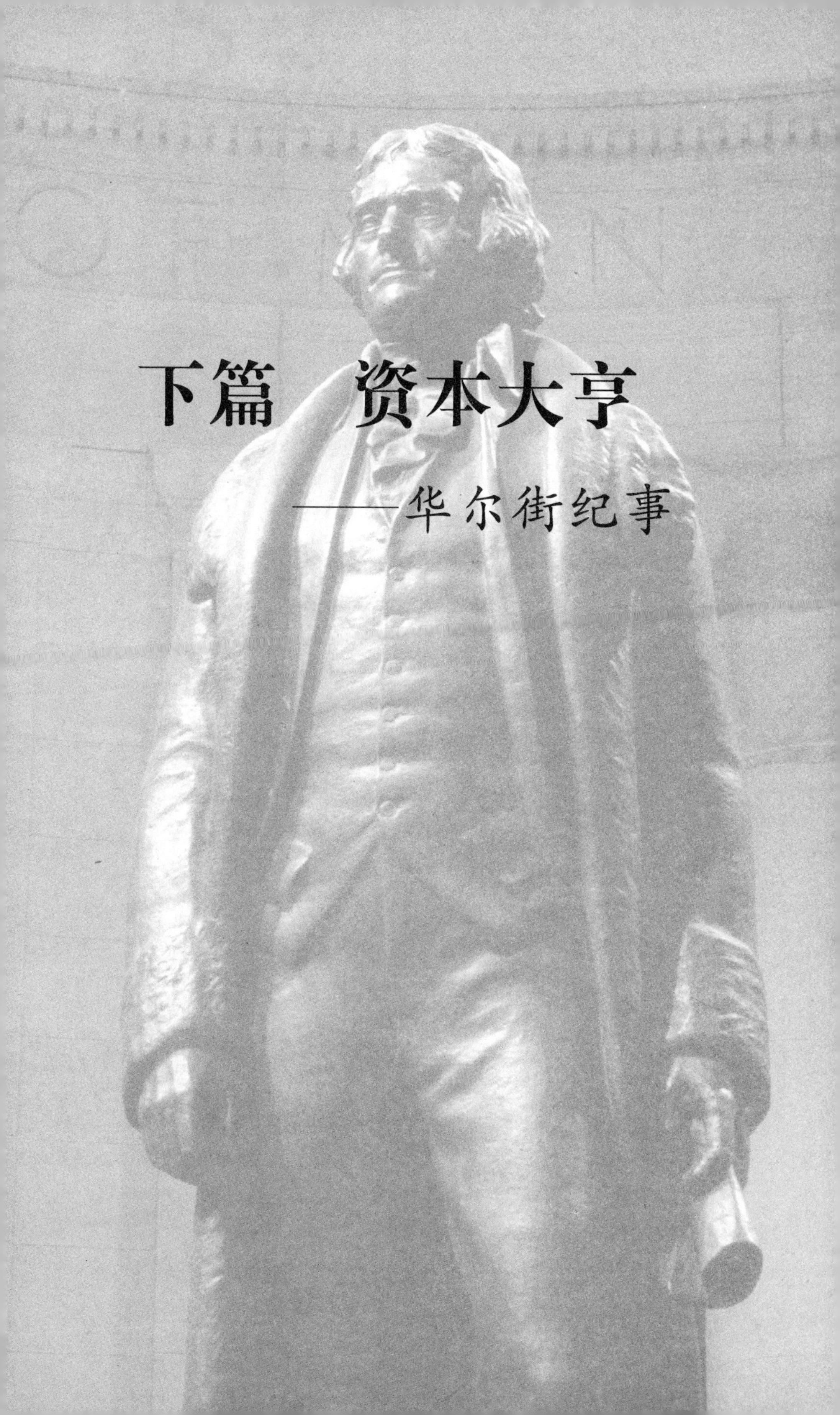

第二十六章　摩根财团的崛起

“资本”这个词的原意，指的是财富（现金或固定资产）的积累，为的是产生更多的财富。只是到了最近几年，它的词意才有了很大的扩充。更早的时候，在粗放式生产方式占主导地位的情况下，假设一家制造厂可以挣到其投入资本，譬如10%的利润；但是，当动力机械和改良工序开始投入使用的时候，其盈利就会有所增长，譬如25%或40%。于是，人们开始赋予这种不断增长的盈利能力以价值，因此，一笔给定的资产，它的“价值”并不是建立在其原始成本或重置成本的基础之上的，而是要根据它的盈利能力来衡量的。

在这个基础上，“资本”被迅速创造了出来，正如通过企业股票和债券的发行所表达出来的。当整个产业共同体变得更有效率、单位努力所产出的成果更大的时候，公司的有价证券以不断增长的速度被创造出来。然后，当新的习惯得以更牢固地建立起来的时候，人们发现，如果仅仅只把眼下的盈利能力资本化，那无论如何都没有达到资本化的极限。对于像美国这样一个正在快速发展的国家，人口每隔一代几乎翻一倍，未来的盈利能力应该比目前更加可观。所以，资本家们自然而然地采取了更进一步的措施，以经过评估的未来收益为基础来发行公司的股票和债券。

很自然，这种将盈利潜力预支（或称资本化）的现代实践做得有些过头。这样一个过程不可避免地引来投机；而伴随着下跌和挫折的所谓“繁荣”周期，成了这一时期的典型特征。最终，资本家们认识到，这种新的资本模式(不仅反映了财富的积累和当前的收益,而且还有社会未来可能的盈利能力)必须得到某种人工程序的支撑和保障。只要人口数量和工业水平继续增长,资本家就会觉得十分安心。但是,一旦工业和银行业出现危机,农作物歉收,或者发生其他的天灾人祸,资本的盈利就会大打折扣,甚至跌到不得不调低资产评估价值的程度。这些因素导致大大小小的资本家们普遍要求立法和公共援助,以保护他们所设定价格的诚实性。他们还要求设立比从前更加严格的关税,以阻止国外同行的激烈竞争,并要求采取其他措施维持目前的这种新的分配格局不变。

在美国内战结束后的 10 年间,铁路公司是这套新方法最明显的受益者。但是,当一些新发明出现的时候,比如,电话、电灯和电动力,以及其他许许多多节约时间和劳力的装置,所有这些,其眼下的绩效和未来的潜力也都同样被资本化了。就公共事业的例子而言,特许权的推定价值被当作资本化的主要基础。在 1890～1915 年 25 年间,美国公共服务企业的资本总额(表现为股票和债券的形式)从不到 2 亿美元增长到接近 200 亿美元。

这种新型的资本主义,是现代社会一个具有深远意义的奇迹。总体来说,美国总资本的估价大约是1 000亿美元,而据粗略的估算,这个国家的全部财富大约两倍于这个数字。如果我们还记得,近至 1890 年,整个国家的财富仅仅被估为 650 亿美元,而这一时期的公司资本只有 250 亿美元,那么我们就会认识到,在这短短的时间里所取得的发展有着多么重大的价值。然而,如果我们进一步认识到,在过去的半个世纪里所出现的不仅仅是一种新的资本财富增值模式,而且还有权力被高度集中到一小撮强人的手里,那么这个话题就十分耐人寻味了。

如今与这个国家大的法人企业的组织和控制有着最紧密联系的华尔街大财团,差不多都是从纺织品和服装公司发展起来的。这其中不仅有摩根财团,还有布朗兄弟、库恩—洛布公司、塞利格曼集团,以及纽约的一些老牌私人银行,它们都是以这种方式起家的。这是一个自然的起点,在那个商人还没有把大量现代化机械应用于生产的年代,批发业是当时最赚钱的行当之一。那时,人们的头脑里压根就没有把盈利潜力资本化的念头,像商品批发这样纯粹的竞争性行业依然占据着商业舞台的中心,美国和欧洲都是如此。就连 19 世纪早期最著名的金融家内森·罗斯柴尔德(Nathan Rothschild),也是靠给英国棉纺厂的原料和生产融资而发迹的。在

美国也是这样，那年头的资本往往聚集在大商人的手里，他们的存货主要是布或者布的制成品。

大多数美国人都忘掉了这段早年的历史。仅仅在60年前，我们的“商业王子”还是每个美国男孩崇拜的偶像，如今却已经从我们的脑海里消逝得一干二净。创设和销售有价证券的生意——与今天美国大商人的生意比起来，60年前它还是一桩小本经营、局限当地、不大正规的吆喝买卖——如今显得如此庞大，以至于看上去似乎一直都很重要。在英国，商人被人们记得更清楚些。那些在美国被称为“私人银行家”的人，像罗斯柴尔德家族、巴林家族和摩根家族，即使在今天也不被看成银行家，而是商人。他们是昔日伟大的东印度公司在商业上的直系传人。

在美国，一个特殊的地区培育出了国际性的商人。早在美国独立革命之前，那些目光敏锐、瘦骨嶙峋的新英格兰人就已经把商品卖到了非洲海岸和大西洋诸岛上。世界上大概没有比他们更优秀的商人，即使在今天，大概也没有比这些北方佬更棒的商人了。后来，由于1812年的战争给航运业带来的麻烦，新英格兰的商人和资本都转向服装加工业，并因此为新英格兰伟大的现代工业——棉纺产品的制造——奠定了基础。

1811年，一位从事纺织业的16岁小伙计，名叫乔治·皮博迪(George Peabody)，由于他哥哥在马萨诸塞州纽伯里波特老城里的小店干活不慎失火，而被抛出了这个行当。随后他跟着叔叔去了哥伦比亚特区(后并入华盛顿市)的乔治敦，开了一家很小的纺织品零售店。几年后，他移居到巴尔的摩，并在费城和纽约开设了分店。最后，1837年，在他42岁的时候，皮博迪去了伦敦，在那里创办了一家商业银行——乔治·皮博迪公司，也就是J. P. 摩根公司的前身。

乔治·皮博迪去伦敦，这一事件就其本身而言当时并不特别引人注目。在伦敦，他像在国内一样继续做着商人，但在这个世界最大的商业和金融中心站稳脚跟的过程中，他真正是沿着与众不同的路线飞黄腾达的。他的传记作者福克斯·波恩(Fox-Bourne)非常精彩地描述了他所创立的那类企业：

在伦敦和英格兰的部分地区，他买来英国的产品，装船运往美国；返航的时候则满载着各种各样的美国产品，这些将在英国卖掉。这样的买卖，本来就很赚钱，而他这样一倒腾，就更加赚钱了。大西洋两岸的经销商和制造商都通过他来交易商品，有时候，在商品还没卖掉之前的很长一段时间，就能从他那儿得到商品的预付款。而另外一些时候，他们发现，在商品卖掉之后留一大笔钱在他手里也很方便，因为他们可以在需要的时候随时去取。与此同时，他们的钱被投资于有利可图的买卖，这样他们肯定能得到合适的利息。就这样，他不但成了大商人，同时也是个银行家，到最后，与商人的身份相比，他更像是个银行家了。

在伦敦，这个世界上最主要的金融中心，乔治·皮博迪代表着那片最大、也最赚钱的投资乐土——美洲大陆，迄今为止，这块大陆尚无人染指。那里有数百万平方英里最富饶的农地和矿田等着人们去申请；事实上，这些土地在没人居住的时候根本值不了几个钱，但它们的潜在价值却非常巨大。那些获得(或抢先占得)了这块宝地的人，只要装上动力机器和运输设备，然后甩开膀子大干，就会创造出一代接一代不断上升的价值。数不尽的财富就会源源不断地流进他们的保险箱里。

对于英国和欧洲大陆的资本来说，这样诱人的前景是几代人梦寐以求的。因为这样的前景和机遇从未在英国和其他古老的国家出现过。英国的自然资源早在现代发明开始投入使用的时候就已经被人抢先占有了；而那些尚未开发却又富饶的农地和乡村地区，也早就被富有的地主阶级世代拥有，劳动阶层无从染指，现代的资本家们在这些地方也找不到什么特别的发财机会。这样一来，英国的资本也就不可避免地转向美国，因为美国几乎没有什么现金资源，而任何大规模的国家发展项目都必须由那些手头有钱的人来实施。到处都存在资金短缺的现象。在大西洋沿岸，人们辛苦地忙碌着，靠着平常的、传统的方式来谋生，在很大程度上，他们并不专心于积聚巨额的财富。美国的投机时代尚未到来，而且，尽管制造业已经开始，但在19世纪头40年的时间里，美国依然是一个种植园主和农场主的国度。

当皮博迪定居伦敦的时候，欧洲的资本家们已经竞相去美国拓展商机。实力强大的外国财团正在建立伦敦与纽约之间的金融联系。就在皮博迪定居伦敦的同一年，罗斯柴尔德家族派出了奥古斯特·贝尔蒙特(August Belmont)去纽约做他们的代理人。而巴林家族早在19世纪初的时候就与费城的一个家族结成了儿女亲家，他们在金融上也对美国感兴趣。不过，皮博迪打算成为美国在英国的主要代表。每年他都郑重其事地安排两国头面人物的会面，他在伦敦举行的美国国庆晚宴逐渐成了引人注

乔治·皮博迪(1795～1869)

目的场合,对于促进英、美两国商业利益集团之间的友谊起到了重要的作用。

皮博迪从未想过要成为企业的创立者或发起人。他把这项工作留给了别人。他所要做的,是一个金融家、一个“资本大亨”的事。在这一领域,他所取得的成功对于那个时代来说是十分巨大的,他的名字越来越受到英国人的喜爱。到最后,他积累的财富达到了2 000万美元,成了那个时代最慷慨的慈善家。他拒绝了维多利亚女王授予他的贵族头衔。1869 年,他满怀着对英国公共投资的信心辞别人世。他去世之后,伦敦人在金融区为他树立了一尊雕像,距离万福德法院的那个狭小幽暗的地方没多远,他在伦敦的整个商业生涯中,这里自始至终都是他的办公室。

1864 年,当皮博迪退休的时候,朱尼厄斯·S. 摩根(Junius S. Morgan)成了公司的总裁。摩根也是一位美国纺织品商人,是波士顿 J. M. 毕比公司的合伙人之一。早在 10 年前,皮博迪就让他做了自己的合伙人。摩根如今大约 51 岁,完全有能力打理皮博迪公司的传统业务——办理国际商业银行业务、管理客户存款、买卖有价证券。公司承接了一笔相当可观的美国铁路债券在伦敦的发行,并谈下了给智利的一笔贷款。依据皮博迪的遗愿，乔治·皮博迪公司这个名字随着他的去世而终结，公司因而更名为 J. S. 摩根公司，但生意却没有因此受影响。

朱尼厄斯·摩根有个儿子，名叫约翰·皮尔庞特·摩根（John Pierpont Morgan），1837 年出生于康涅狄格州的哈特福德，当时他的父亲在那儿做纺织品生意。这个儿子在波士顿的英格兰高中接受了部分教育，然后在德国的哥廷根大学完成了学业。离开大学之后，他进入了父亲在伦敦的公司。他是一位杰出的数学家，而且非常想去大学当数学教授，但他父亲可不这么想。在乔治·皮博迪公司里，年轻的皮尔庞特上了专业商业银行业务的第一堂课，毫无疑问，他整个职业生涯中卓越的决断能力在这个时候就开始得到了良好的培养。

1857 年，也就是美国发生金融大恐慌的那一年，20 岁的约翰·皮尔庞特·摩根，这个身材高挑、沉默寡言的小伙子，开始登上了美国商业的舞台。当时，乔治·皮博迪公司正通过纽约的邓肯—谢尔曼公司办理它在美国的业务。那家公司在这场金融危机中遭受重创，以至于乔治·皮博迪公司为了挽救不利局面而不得不向英格兰银行求助。这个教训使得伦敦总部认识到，更紧密地控制美国的生意是至关重要的。于是，他们决定派年轻的约翰·皮尔庞特·摩根代表公司进驻纽约，担任邓肯—谢尔曼公司的出纳员。

在邓肯—谢尔曼公司的办公室里，他结识了查尔斯·H. 达布尼（Charles H. Dabney）。达布尼是公司的合伙人，同时也是会计。正是在与达布尼的交往中，约翰·皮尔庞特·摩根学到了他那些非凡而又准确的账目簿记和会计学知识。但皮博迪公司与邓肯—谢尔曼公司之间的合作注定维持不了多久。1864 年，也就是乔治·皮博迪退休和朱厄尼斯·摩根接班的那一年，约翰·皮尔庞特·摩根和达布尼组建了达布尼—摩根公司，办公室设在纽约的交易大厦。这家新公司便成了伦敦 J. S. 摩根公司的代理。几年后，邓肯—谢尔曼公司破产，淡出了人们的视野。

达布尼—摩根公司逐步在外汇和五花八门的证券销售上取得不俗的业绩，在财务上无疑也很成功，因为据传达布尼退休的时候已经从公司的业务中挣到了一大笔钱。但公司并没有做出什么惊天动地的大事，人们也并不把它归类到华尔街大银行的行列，它的名声似乎主要是建立在与伦敦实力雄厚的 J. S. 摩根公司的密切关系上。但在 1897 年，事情发生了变化。达布尼退休了，公司被解散。年轻的约翰·皮尔庞特·摩根成了费城德雷克塞尔兄弟的合伙人，组建了德雷克塞尔—摩根公司。资深

合伙人安东尼·J. 德雷克塞尔(Anthony J. Drexel)随后亲自买下华尔街与宽街的东南拐角,并且修建德雷克塞尔大厦,新公司就是在这里开始了它辉煌的生涯。

德雷克塞尔兄弟的父亲是一位德国肖像画家,曾到南美和墨西哥云游作画。在周游美国的途中,他发现倒卖州银行的纸钞(当时属于非法买卖通货的行为)是一宗有利可图的生意。1837 年,也就是皮博迪移居伦敦的同一年,老德雷克塞尔定居费城,他所住的那条街在当地有一个响当当的名字,称为"阿尔及尔海岸"。在那儿,他为自己的大买卖奠定了基础,这些生意包括:购买银行通货、"杀价买进"商业票据、为公司融资。

1871 年,约翰·皮尔庞特·摩根 34 岁,而他的主要合伙人安东尼·德雷克塞尔 45 岁——他是一位保守、聪明而讨人喜欢的人。另外,新公司还有 4 位合伙人,他们都是来自费城的德雷克塞尔家族。新公司是个强强联合的产物:在大西洋的这一边,是美国最富有的金融财团之一;另一方,是英国实力雄厚的摩根财团,它与英国首都——世界上最大的资本实体——有着紧密的联系。它的优势显而易见,但是同时也有它的不利之处。就其当时的主营业务——发行政府债券——而言,它所进入的这个领域,位子差不多都被人占去了。

安东尼·J. 德雷克塞尔(1826~1893)

在德雷克塞尔家族和摩根家族联手合作的几年之前，当达布尼一摩根公司还在做着风平浪静的银行生意的时候，一个规模巨大的金融运作项目正在美国实施。这就是美国内战公债的发行。这批公债主要是交给费城的一位银行家和企业发起人杰伊·库克(Jay Cooke)来运作。库克是那个时代美国开拓者的代表人物，是个十足的乐天派，他从与高层人士所结下的深厚友谊中收到丰厚的益处，有点像金融界的 P. T. 巴纳姆(P. T. Barnum)，他先是推销政府债券，后来又发行自己的债券。他组织了一场大规模的债券推销活动，把"宣传材料"同时分发给1 800家报纸，通过他的代理人在全国的每个村落兜售债券。后来，他就理所当然地成了 1871 年再次发行国债的第一人选。

就这样，杰伊·库克公司稳步地走在了前头，并与国外建立了牢固的联系。在美国内战期间，作为整体的英国资本并不能自由地流入北方各州。由于英国与南方在棉花贸易上建立了长期的合作关系，英国人更倾向于购买南部邦联的债券，而不是联邦债券。然而，德国人在整体上却更加同情北方，因为在 1848 年的起义之后，大批的德国移民都是北方人，也是联邦政府的支持者。当利率为 6%的联邦债券跌到只有 60 美分时，德国人，尤其是有钱的德国南方犹太人，开始卖掉本国的有价证券，转而投资美

杰伊·库克(1821～1905)

国证券。对于德国犹太人来说，美国成了“利率10%的国家”。

杰伊·库克估计，到1869年为止，国外投资者至少持有10亿美元的美国债券，而其中的大部分由德国南方人所持有。这样大的投资规模，使美国产生了一个强大的新兴商业利益集团——犹太人债券经销商，他们与欧洲金融中心法兰克福保持着联系。库克自然与这个新兴的金融集团结成了联盟，因为最雄厚的英国资本只跟德雷克塞尔—摩根集团合作。

以德国犹太人为后援的库克集团和德雷克塞尔—摩根集团为得到政府的融资合同而爆发了一场激烈的竞争。在这场竞争中，库克及其同党赢得了胜利，然后经过极其艰难的经营，他们取得了巨大的成功，以至于罗斯柴尔德家族提议，让库克在未来的项目中与自己合作。但摩根集团一直在后面紧追不舍。随后，他们与莱维·P. 莫顿(Levi P. Morton)联手，获得了1873年政府再融资项目一半的份额，包括3亿美元债券的销售——这在那个年头算是一笔巨大的交易了。后来，同年秋天，杰伊·库克公司破产了，这次退场使得美国大的金融运作项目完全落入了德雷克塞尔—摩根—莫顿联盟之手。

到这个时候，摩根财团已经开始大踏步地前进。但是，它作为美国首屈一指的金融财团的地位，并不仅仅是通过杰伊·库克公司的衰落和崩溃而到手的。在德雷克塞尔—摩根公司成立一年之前所发生的一起重大事件，对摩根公司的名声和地位有着巨大的贡献。1870年的10月底，一则消息轰动了整个伦敦城：摩根公司拿到了一个法国贷款项目，总额为2.5亿法郎。这是有史以来规模最大也最为大胆的财团运作项目。就在同年9月份，德国人在色当把法国军队打得落花流水，活捉了法国皇帝路易·拿破仑(Louis Napolean)，包围了巴黎城。为这笔贷款负责的惟一权威，就是位于图尔市的临时政府。从当时的情况来看，拿下这样一个贷款项目，确实要冒一定的风险，即使价格低到了80美分。然而，有一件事非常清楚，这就是：有一个强有力的大胆人物在掌舵。债券向公众发行的价格是85美分，一经发行价格立即上涨，不到一年的时间，债券已比摩根公司发行时的价格上涨了15个点。人们相信，摩根财团在这场交易中挣到了500万美元的净利润。就这样，正当朱尼厄斯的儿子约翰·皮尔庞特·摩根与强大的德雷克塞尔集团携手走上前台的时候，正当外国资本准备比从前更加自由地涌入美国的时候，摩根财团的名声在欧洲银行家当中牢固地建立起来了。作为第一大资本组织者，摩根父子将在美国金融界发挥巨大的影响。

第二十七章　摩根与铁路

在杰伊·库克公司失败之后，德雷克塞尔—摩根公司在偿还政府债务上所做的工作，极大地提高了美国在海外的声望。50多年来，美国一直是英国资本的葬身之地。州债券、邦联债券、铁路债券，都被证明是损失惨重的投资。但如今，仅仅一次具有纪念意义的成功，便恢复了美国有价证券的信用。总共大约有7.5亿美元的债券被偿还，摩根家族处理了其中的大部分，这一业绩向英国投资者重新打开了美国的大门。1877年，在纽约的一次晚餐会上，美国金融巨头们济济一堂，以感谢朱尼厄斯·摩根"维护了美国在旧大陆的神龛里的清誉"——晚餐会主持人塞缪尔·J.蒂尔登(Samuel J. Tilden)这样表达此时此刻的感激之情。

到1879年，随着战争债务融资的完成，美国银行家们准备转向新的战场。但在这个正在破晓的金融时代，领袖的责任将要落到年轻人的肩上。罗斯柴尔德家族在美国的代表奥古斯特·贝尔蒙特(August Belmont)如今已经63岁；莱维·P.莫顿是朱尼厄斯·摩根在波士顿的纺织品公司詹姆斯·M.毕比(James M. Beebe)公司的合伙人，他也55岁了；朱尼厄斯·摩根本人如今已经66岁，表现出一位东印度公司的富商在老英格兰所扮演的那种呆板沉闷的角色，正从积极活跃的商业生活中退隐。小摩根即约翰·皮尔庞特·摩根(即J.P.摩根，以下简称皮尔庞特·摩根)当时是42岁，正好是乔治·皮博迪与朱尼厄斯·摩根在伦敦开创他们辉煌的事业生涯时的那个年龄。迄今为止，他只不过是他那位嘴巴严厉的父亲的儿子。但他已经学会了使用父亲这一行当的工具，他留意并协助过那些大财团的运作，他如今已整装待发，要在美国的证券市场上谋得自己的一席之地。

皮尔庞特·摩根多年来一直关注着铁路的扩张。他见证了这一时期最壮观的奇迹，因为他看到了杰伊·古尔德(Jay Y. Gould)与威廉·H. 范德比尔特(William H. Vanderbilt)主要通过铁路资产的运作而积聚了巨额财富。但他很少参与这些铁路之战。回溯到1869年，达布尼—摩根公司曾出力从古尔德及其同谋者那里夺取奥尔巴尼与萨斯奎哈诺克铁路公司的控制权，并移交给了特拉华与哈得逊运河公司。1878年，当一位富有的梳子制造商阿道夫·帕本休森(Adolph Poppenhusen)在为长岛铺设铁路网的疯狂开发中破产的时候，德雷克塞尔—摩根公司获得了一些名义上由他持有的股票，这些股票后来被并入了长岛铁路公司的股份。但除了这些小打小闹之外，摩根公司在铁路融资上并不积极，在任何意义上都不能说是铁路银行家。

然而，1879年发生了一件事，导致摩根直接进入了铁路金融的领域。

J. P. 摩根(1837～1913)

纽约中央铁路公司与哈得逊运河铁路系统的董事长和主要股东范德比尔特当时正被搞得焦头烂额、忍无可忍。10 年的时间里，他积聚起了上亿美元的巨额财富，这激起了民众的猜疑。纽约的立法机关对公众的义愤做出了回应，着手调查纽约中央铁路公司的经营，并建议对铁路经营采取激进的控制措施。此外，纽约与芝加哥之间的铁路运输价格战当时也正打得热火朝天。最后，火上浇油的是，杰伊·古尔德因为范德比尔特不想让他进入纽约中央铁路的董事会而企图敲竹杠。范德比尔特的朋友们强烈建议他把手头的纽约中央铁路的大部分股票卖掉，借此转移针对他的立法。但如何抛售手里的大量股票却是个问题。只要把它们当中的一半砸向市场，便会引起恐慌，而通过在华尔街私下出售的方式也会极大地扰乱价格。此外，怎样才能使银行家承担这样一笔巨额交易呢？

范德比尔特跟皮尔庞特·摩根商量，摩根设计出了一个方案。根据这个方案，纽约中央铁路的大宗股票可以在英国神不知鬼不觉地卖掉，而不会以任何方式扰乱美国的证券市场。这一计划被采纳了。摩根公司通过它在伦敦的商号组建了一个财团，把它的25 万份股票分售给国外的长期投资者。这宗交易暂时守住了秘密，但几个月之后，交易的细节全都被公布在纽约和伦敦的报纸上。范德比尔特于是宣布，他所收到的巨额现金中，大部分都已重新投资于美国的政府债券。就这样，皮尔庞特·摩根出手一招，不仅解决了范德比尔特的难题、减少了公众的批评，而且据说还顺带为自己的财团挣了一笔可观的利润，数额达 300 万美元以上。

美国铁路的融资迄今为止一直控制在那些发起人的手里，他们的主要兴趣就是要尽最大可能修建更多的铁路（也不管需要还是不需要），然后以尽可能高的价格把它卖掉。这就是美国内战之后的太平岁月和 1873 年金融恐慌之后的投机时期里的常规节目。北太平洋铁路公司已经向西延伸到太平洋海岸，艾奇逊、托皮卡与圣达菲铁路都修建起来了，从亚利桑那和新墨西哥的沙漠地带穿过；古尔德把他多少有点不可靠的铁路线辐射到了密西西比河以西那些稀稀落落的有人定居的地区；联合太平洋铁路公司着手实施修建或获取铁路支线的政策，几年后，这一政策成了它财政崩溃的原因。在东部，草率而愚蠢的修建铁路的政策在继续推行。大多数更老的铁路系统是带着这样一种观念实施的：里程数多多益善，分支线多多益善，平行线多多益善。到 19 世纪 80 年代早期，在铁路线的总里程数中，这个国家能够有效利用的，大约只有一半；其有价证券的发行总额，能够支付利息或分红的，大约只有1/4。1884年，《普尔铁路手册》(当时铁路公司的权威手册)非常肯定地声称，美国铁路公司的整体股本——当时大约是40亿美元——都很“水”。它估算，到1883年12月31日为止，3年时间创造了约20亿美元的资本和债务，“股本的全部增量(约10亿美元)和一部分公债借款都用在了铁路的过度建设上”。

对于真心实意的投资者(无论是国内的还是国外的)来说，这是一个关键时期。在英国、欧洲大陆和美国东部地区，有成千上万这样的投资者，他们以这样或那样的形式，为美国运输系统这次巨大的发展提供了现金，却突然发现他们的债券在缩水。他们迫切需要一个强有力的代表来维护他们的利益。在成功地办理纽约中央铁路的交易之后，摩根开始被人看作投资者的大救星、金融难题的解决者。他在这方面是独一无二的。这一时期，一些铁路大亨的名字——杰伊·古尔德、拉塞尔·塞奇(Russell Sage)、科利斯·P. 亨廷顿(Collis P. Huntington)、卡尔文·布赖斯(Calvin Brice)，以及其他人——都意味着扩张和投机，而不是对铁路资产的明智控制和保守经营。

几年来，恶性膨胀的铁路资本化和过度扩张所带来的那个庞然大物一直巍然耸立着(多少有些不稳定)，然后，崩溃便开始了。到1884年，有5条独立的铁路线在芝加哥与太平洋海岸之间运营，还有2条以上的铁路线正在修建。3条铁路线就足以应付所有的业务。铁路运输价格被彻底摧毁；乘客从纽约到芝加哥，每人只需1美元；运输谷物实际上要亏本50%。3/5的铁路在破产的边缘踉踉跄跄，1/5的铁路已经关门大吉，纽约中央铁路处在削减红利的边缘。是时候，要做点建设性的事情了。

1885年夏天，威廉·H. 范德比尔特再一次急需朋友的帮助。西海岸铁路公司作为范德比尔特铁路线的竞争对手正打算开张营业。据推测，宾夕法尼亚州的铁路利益集团赞同西海岸公司的计划，其原因是：它允诺要给它主要的竞争对手制造严重的麻烦。与此同时，范德比尔特正在支持一项计划，要在宾夕法尼亚州修建一条铁路线，与宾夕法尼亚铁路公司的干线平行。西海岸铁路公司依照当时的惯例，其资本被严重高估了，而且，刚好就在铁路接近完工的时候，这家公司却因为缺乏现金而眼看着要一命呜呼。除非宾夕法尼亚州的利益集团或其他强有力的资本家能够施以援手，否则它就死定了。正在这个节骨眼上，皮尔庞特·摩根自告奋勇地带着他的灵丹妙药出现了。他的安排是这样的：把范德比尔特在宾夕法尼亚的那

J. P. 摩根

条竞争铁路卖给宾夕法尼亚州的利益集团，然后又把西海岸铁路——实际上是按成本价——卖给纽约中央铁路公司。

又一次，当费城—里丁铁路公司——大量的英国资本投入到了这里面——面临破产的时候，摩根财团提供了重组这家公司所必需的数百万美元。1887年，当巴尔的摩—俄亥俄铁路公司突然被发现也濒临破产的状况时，摩根家族迈步上前，为它找到了新的资本，并着手推行一项重组政策——然而，这项政策却因为来自老的投机利益集团的成功反对而暂时中断了。一年后，摩根财团重组了切萨皮克与俄亥俄公司。

因此，在1893年的金融恐慌之前，德雷克塞尔—摩根公司就建立起了作为金融家和不良资产重组者的声望，在美国银行家当中，它在这方面占据着独一无二的位置。那些犹太人大券商迄今很少插手美国的铁路。罗斯柴尔德家族只要涉及美国的生意领域，就满足于与摩根而不是他的竞争对手保持紧密的同盟关系。库恩—洛布公司尚没有成为铁路一强。施派尔家族虽然强大，但还不是很有权势。塞利格曼(The Seligmans)在偿还政府债务的运作中功勋卓著，但还没有成为发行铁路债券的主要财团。因此，当一半以上的美国铁路落入破产产业管理人之手的时候，投资人都把目光投向一个人和一个财团，以捍卫他们在铁路上的数十亿投资——这就是摩根财团及其大胆有力的掌舵人皮尔庞特·摩根，如今人称“朱庇特”摩根。

首先进入重组的是南方铁路公司。这家公司陷入了财务混乱的状况，它的连接铁路，在里士满与西点总站公司（由一帮纽约和里士满的投机者所控制）的管理下，陷入了纠缠不清的混乱境地。起初，摩根拒绝跟这团乱麻扯上任何关系。但是，其他人都试过了，结果白费力气，证券持有者们最后恳求摩根按照自己的条件来承担这项任务。在较短的时间里，摩根财团重组了这家公司，在1893年的金融恐慌及随之而来的大萧条所带来的可怕影响渐次消弭的很久之前，南方铁路系统在新的发展与繁荣的道路上大大前进了一步。

摩根之所以承担这项重组，并不是为了给自己或他的公司带来什么直接的财政利润；他是被一个更大的动机驱使的（尽管并不完全是无私的）。出于自卫，他觉得自己有责任留意不要让数以百万的资本（尤其是英国投资者的资本）被绝望地一笔勾销。作为一家最大专长就是在国外销售美国债券的公司，受不了听任这些债券在全世界的眼皮底下变成废纸。摩根财团在伦敦的名声，它建立在美国的伟大与财富的基础上的所有传统，以及两位摩根（父亲和儿子），都一直是“美国的利多”。

随着南方铁路系统的成功重组，摩根终于牢牢抓住了那个狡猾的家伙——美国铁路公司。40年来，美国铁路的促进者，不计后果的乐天派，巨人般的窃贼，以及那些信心十足的家伙，一直在耍弄、操纵、利用这宗大买卖，为他们自己谋取利益，而让其他每一个卷入其中的人都损失惨重。摩根关注这种对铁路资产的操纵几近20年。对资产的控制，在于股份的表决权。而且，如果控制不了表决权的话，跟它对着干就什么事情也做不成。1887年，他曾试图重组巴尔的摩与俄亥俄公司，但他的这一努力被彻底挫败了，因为控股集团通过投票让他的代表出局，从而让他动弹不得。于是他设计出了一个方案，据此他可以控制表决权。在他着手一次重组或者寻找新资本之前，他规定了一种“表决权托管”，这个方法就是把全部表决权交到他自己选择的少数几个托管人的手里，一交就是很多年。在南方铁路的重组中，遵循的就是这一方案，并被后来所有的实例所采用。

接下来的一次激烈重组，就是伊利铁路系统的重组。在承担这项任务之前，摩根特别小心地把控制权集中到了自己的手里。多年前，J. S. 摩根公司是伊利公司在伦敦的金融代理，它在英国投资者当中发行了大量的伊利债券。摩根因此特别想保护这些债券持有人，在他所设计的方案中，他认识到，这些债券持有人本身就拥有了足够多的表决权，完全可以在票数上胜过零散股东，尽管这些债券持有人暂时被摩根的"表决权托管"所控制。公平地说，在伊利公司重组中，吃亏的应该是债券持有人，而不是股东。因为在德鲁、菲斯克和古尔德豪赌的那段时期，伊利股票所创造的巨额发行量，只有很少是(甚或完全没有)现金投资，而债券的发行，在很大程度是用实际资产支付的。

摩根的另外一些重组很快接踵而至。霍金谷公司(中西部的一个铁路系统)被放在了他的眼皮底下；北太平洋铁路公司，在它变故频仍的 30 年生涯中，经历了建设、破产和操纵，最后在摩根公司宽阔的臂弯里找到了落脚处。巴尔的摩与俄亥俄公司，艾奇逊—托皮卡与圣达菲公司，以及其他几宗大资产，都重获新生，尽管并不完全是通过摩根财团重组的，但他们的工作也出了一部分力。费城与里丁铁路系统，是此前 10 年疯狂赌博精神的一个损失惨重的受害者，也第二次着手重组；另一些资产在 1893 年的猛烈撞击中并没有完全垮掉，其中有理海谷公司和乔治亚中央铁路公司，也同样起死回生。

到 1898 年，皮尔庞特 · 摩根已经是铁路界和银行界卓尔不群的人物。美国的铁路系统主要是他重组的。他完全控制了大铁路网的表决权，这些

19 世纪下半叶，铁路成了美国经济高速发展的一个象征符号。

铁路线一直辐射到南大西洋海岸；他完全控制了伊利铁路；他是决定里丁公司政策的一个主要因素；他控制了庞大的北太平洋铁路公司；他在巴尔的摩与俄亥俄铁路公司的经营管理中拥有强有力的发言权，还在艾奇逊—托皮卡与圣达菲公司的事务中有重要利益；他把重组后的乔治亚中央铁路公司的全部股本锁进了自己的保险柜里；他控制了霍金谷公司、切萨皮克与俄亥俄公司；他是范德比尔特庞大的铁路系统背后真正的金融力量。

在这项伟大的工作中，当然也要分给其他人一份荣誉。除了德雷克塞尔兄弟之外，多年来摩根有幸得到了一群才能出众的合伙人的帮助。或许是他培养了他们，或许他们所发展出来的能力是他们所处环境的结果，但那也是他把他们置于这样的环境中。无论如何，在早些年里，有几个名字显著突出。其中一个就是埃吉斯托·P. 法布里(Egisto P. Fabbri)，此人出生于意大利，1876 年成了摩根的合伙人，并一直持续到了 1884 年。在这些年及以后的日子里，另一些引人注目的名字有：J. 胡德·莱特(J. Hood Wright)、查尔斯·H. 戈弗雷(Charles H. Godfrey)、乔治·S. 鲍登(George S. Bowdoin)和查尔斯·H. 科斯特(Charles H. Coster)。所有这些人，要么在中年便带着大笔的财富退休了，要么死于工作中。说到一个人干活干到把自己累死，查尔斯·H. 科斯特是一个值得注意的例子。他是细节大师，此外还是一个设计重组方案的天才。据说，摩根所有成功的重组计划，一直到科斯特去世前，都是出自他的手笔。这多半是真的。无论如何，在那些艰难岁月里，科斯特是摩根的左膀右臂。在华尔街，他是人们熟悉的人物，是一个脸庞白皙、神经兮兮的人，匆匆忙忙地从这个会议赶到那个会议，直到夜晚才夹着公文包回到家里。他走遍全国，研究铁路系统，从火车的后台上注视着路基，显然从没有机会休息，也没有片刻的空闲。当他在 1900 年突然去世的时候，报纸上的消息指出，他同时在 59 家公司担任董事。

眼下，在铁路重组时期结束、新的世纪即将来临的时候，摩根财团再一次发现，在它的美国合伙人的名单上，只剩下一个能号令三军的人物了。法布里死了，J. 胡德·莱特死了，查尔斯·H. 科斯特死了；自从老摩根让位以来一直在伦敦管事的天才沃尔特·伯恩斯也死了——全都死于规模庞大、折磨神经的生意，以及摩根的做事方法和操心美国铁路资本所带来的紧张压力。德雷克塞尔兄弟也不在了。只有"朱庇特"摩根一人从那架碾碎灵魂的商业碾磨中脱身而出，在他生龙活虎、精力旺盛的时候退休了。

第二十八章　钢铁大亨

1848年，安德鲁·卡内基(Andrew Carnegie)与他的父亲、母亲和哥哥一起来到美国，这一年他13岁。他的父母一贫如洗。他们去了阿勒格尼，父亲在那里的一家棉纺厂找到了工作，小安迪(即安德鲁·卡内基，昵称安迪)成了一名线轴工，一星期挣1美元20美分。母亲给一个名叫菲普斯(Phipps)的鞋匠(他在附近开了一家小店)干些洗洗涮涮、楦鞋钉靴的杂活，以补贴家用。鞋匠有个10岁大的儿子，名叫亨利。正是在那里，两个孩子，亨利·菲普斯(Henry Phipps)和安德鲁·卡内基，奠定了他们长期友谊的基础。

安迪当了一年的线轴工，然后成了一名司炉，最后，在15岁那年，他得到了一份送电报的差事，每周挣3美元。他很快就学会了收发电报，常常一大早在报务员上班之前与其他孩子一起捣鼓电报设备。当上送信员没多久，他就显示出了一种惊人的品质，这在他此后的生涯中成为他的典型特征，即大胆。这些孩子被禁止接触电报设备。但有一天，当一份重要电报通过电线传过来的时候，报务员碰巧外出。安迪赶忙来到电报接收机旁，收下了电报。他的这次违规不仅得到了原谅，而且还被晋升为报务员，薪水是一周6美元。几年后，他勤勉的努力和高效的工作引起了托马斯·A.斯科特(Thomas A. Scott)上校的注意，斯科特是匹兹堡的宾夕法尼亚铁路公司的总裁。安德鲁很快就成了一名铁路电报报务员，薪水也进一步增加了。眼下他19岁，他的大胆和主动开始迅速发展。有一天，斯科特上

16 岁的安德鲁·卡内基与弟弟

校恰好不在，铁路线发生了一次意外事故，导致交通阻塞。卡内基立即起草了十多份电报，包括让火车开动的命令，全都签上了“托马斯·A. 斯科特”的名字。这一措施挽救了局面，斯科特认识到了这个小伙子的非凡才能，让他做了自己的私人秘书。

打从与斯科特上校建立友谊之初，卡内基的未来就确定了。在新的环境中，他对生活，尤其是商业生活，有了更广阔的视野，因为斯科特在匹兹堡是个有影响力的人物，在各种各样的商业和投机中，他都有所染指。卡内基的第一桶金是在一次石油投机中挣到的，他自己没有一分钱的投资。他拿一张借据换来了宾夕法尼亚州一家小石油公司的股票，然后在一年的时间里用股票的红利付清了那张借据。这使得他有了一笔很小的资本，在斯科特的指导下，他开始用自己的小额资金和借来的资本到处购买多家企业的股份。斯科特在其中大多数企业中都是“内部人”，卡内基能够根据“足够有把握”的信息进行安全的投机。没过多久，他就拥有了一些很不错的公司的股份，比如，哥伦比亚石油公司、伍德拉夫卧车公司、匹兹堡电梯

托马斯·A. 斯科特(1823～1881)

公司、国民旅客铁路公司,以及匹兹堡第三国家银行。

10年来,卡内基继续担任斯科特的秘书,稳定地增加他的投资和资本。1864年,当他28岁的时候,他继任斯科特上校担任宾夕法尼亚铁路公司的总裁。但年轻的卡内基从未打算一直做一个纯粹的铁路(或任何其他企业的)雇员。他想要的是,一旦自己的资金足够多,就马上做自己的生意。他的眼睛和耳朵始终打开着,密切注视着自己的机会,作为斯科特的秘书所得的信息使他获益匪浅。起初,他认真地考虑过靠自己的力量进入石油业,但明显没有真正的机会出现,他决定等待时机。

在美国内战接近尾声的时候,匹兹堡附近地区被搅得躁动不安,不仅因为石油的繁荣,而且还因为另一种类型的产业,它像石油生意一样,也给美国的经济生活留下了深刻的烙印。这就是新近由贝塞麦炼钢法发展出来的韧性钢的制造。直到这一时期,美国的火车轨道还没有一寸是用钢铺设的。当时的美国铁路都是铁轨。那个年头人们常常说到"铁马"、"铁路"。对火车轨道来说,铁确实是一种太过劣质的材料,人们在不断寻找某种更坚硬、更耐用的材料。钢已经小规模地生产了很多年,但要使之进入一般用途,则未免成本太高。再者,需求(哪怕是对铁的需求)也没有发展到足以吸引大量资本的程度。铁是在小熔炉中小规模地生产的,是个很不稳定、举步维艰、变化无常的产业,一直都是这个样子,任何人做梦也想不到它会变成另外的什么东西。那年头，最好的熔炉一年也产不了100吨铁。而且，由于需求的波动，大部分铁生产商都没什么资本，还经常债台高筑。1837年和1857年的金融恐慌导致了数十家铸铁厂倒闭。有木钱的人都不想把钱投入到一个如此不稳定的行当中。

但是，随着铁路建设的迅猛扩张，对更耐用的铸铁的需求开始稳步增长。钢被认为是铺设铁轨的理想材料，但制造钢的成本高得吓人。要是有某个天才，他只要发明出廉价炼钢的方法，保准就会成为这个国家的恩人。事情通常就是这么巧，当某种需求足够迫切的时候，满足这种需求的天才就会随之出现。1847年，一个36岁的年轻人威廉·凯利(William Kelly)在肯塔基州埃迪维尔市附近创办了苏瓦尼钢铁厂。凯利是个很有发明天才的人，却是一个糟糕的商人，他想专门生产制造糖壶用的高品质锻铁。为此他发明了新的方法，用来制造更大的壶，它很快就成了鼎鼎大名的"凯利壶"。但工序是那种慢吞吞的老工序，使用大量的木炭——这种工序还要耗费大量的时间。

几乎是偶然之间，凯利发现：完全不需要木炭，空气也是燃料。自古以来，生产铁的人都相信，寒冷的空气会让热铁变冷。但凯利有点像冶金学

威廉·凯利(1811～1888)

的研究者，他知道碳和氧互相之间有吸引力。因此，当他有一天看到他的黄色融化金属在没有木炭的情况下仅仅因为空气赶巧碰上它而变成白热的时候，真理之光瞬间划过他的脑海。当然，它就像呼吸一样简单。当空气被吹进融化的金属的时候，氧便会与铁中的杂质结合，并留下纯铁。凯利被自己的发现冲昏了头脑，并对不肯轻信的公众宣布了这一发现。他非但没有得到奖赏，反而遭到奚落嘲弄。他发现，要想让任何人相信自己神志清醒都是不可能的。买主们拒绝收他的货，除非它们是“用正规方法生产出来的”，他的生意最终破了产。但凯利坚持自己的工作，没出几年，他居然以相当高的产量生产出了展性铸铁。

但仅靠凯利的发现并不足以让钢得到大规模使用。只有当他设计出的工序投入到一般应用中并在国外被接受之后，美国的钢用户才会大量使用美国生产的钢。到那时为止，美国所使用的几乎所有钢都是从英国进口的。传统上认为，钢本质上是一种英国产品，而不是一种国产商品。因此，大多数人都把美国生产的钢看作假货，视进口货为惟一的真货。就在凯利进行实验的时候，一个名叫亨利·贝塞麦(Henry Bessemer)的英国人也产生了同样的想法。很快，“贝塞麦钢”开始在美国少量出现。凯利自 1847 年以来用同样的工序所生产的正是同样的东西。但买主立即接受了进口的“贝塞麦钢”，他们依然对凯利的“傻子钢”抱有偏见。

此后，凯利的事业一波三折，坎坷多变。直到多年以后，他才在美国真正被承认是这一工序的发现者。他最后获得了专利，但因为糟糕的商业经营而失去了它，直到美国内战结束很久之后，他才终于为自己的工作而获得了一点经济利益。但不管怎样，到最后，全世界还是为他对钢铁工业的贡献而给予了他应得的荣誉，如今人们普遍承认，他比亨利·贝塞麦爵士更早发现并完善了贝塞麦炼钢法，尽管英国人更加迅速地把他的劳动成果付诸了应用。

在美国内战最后的日子里，建设太平洋铁路的庞大计划悬而未决，对钢铁的需求增加了美国所有钢铁厂的负担。而且，生产成本大幅下降，这使得钢的使用在商业上成为可能，数量可观的资本正在这个新兴产业中寻找投资机会。看来，钢铁工业似乎终于能发展成能挣大钱的事业了。安德鲁·卡内基肯定也是这么想的，因为我们发现，1864 年 5 月，他花了8 920 美元，从托马斯·N. 米勒(Thomas N. Miller)手里购买了铁城铸造公司1/6的股份。当时还有另外两位股东，是卡内基儿时的伙伴亨利·菲普斯和安德鲁·克罗曼(Andrew Kloman)。大约就在同一时期,卡内基组建了吉斯通桥梁公司,包括 J. 埃德加·汤姆森(J. Edgar Thomson)、斯科特上校及其他铁路官员都参与了这项计划的融资。它立即被证明是一个成功的项目,在 4 年的时间里,卡内基用出自利润的钱偿清了他自己的股票。宾夕法尼亚铁路公司的后援(这家公司是他巧妙地获得的)对他来说是一座金矿。这家铁路公司当时正在大规模地修建铁桥,吉斯通桥梁公司当然得到了它所能够驾驭的所有业务。

美国内战结束后,当价格下跌的时候,安德鲁·卡内基的钢铁生意急转直下,但这段不景气的时期总算捱过去了。当生意峰回路转的时候,安德鲁·卡内基完全控制了这家企业,买断了克罗曼和米勒的股份,此后公司再也没有经历过真正的麻烦。安德鲁·卡内基以飞快的速度挣钱,在 1873 年金融恐慌的很久之前,他就是个百万富翁,也是美国钢铁巨头之一。

人们常常声称,安德鲁·卡内基是第一个用贝塞麦炼钢法生产钢的美国钢铁大亨。但事实并非如此。卡内基并不是钢铁工业的先驱,就与约翰·D. 洛克菲勒(John D. Rockefeller)在石油工业差不多。像洛克菲勒一

安德鲁·卡内基(1835～1919)

样，他对新观念也没有什么真正的兴趣，除非它的实用性以及它在未来的成功已经被其他人清楚地论证了。当安德鲁·卡内基 1866 年进入钢铁行业的时候，他依然执著于这样的观念：用老工序生产的锻铁应该是未来的标准的铁轨材料。但到了 1866 年，很多制造商都转向了贝塞麦炼钢法，而且取得了明显的成功。在这一时期，他的合伙人之一威廉·科尔曼（William Coleman）建议他们应该用贝塞麦炼钢法生产钢。其他几位合伙人也都同意了，但卡内基还是强烈反对。实际上，卡内基并不是一个真正意义上的钢铁专家。他是个金融家、资本家，一个商业推动者。随着生意的进一步发展，他在公司的管理上花的时间越来越少，他最好的注意力投入到了在美国各地的购买者当中推广卡内基产品。他迅速搬到了纽约，开始结识五花八门的人，目的是为自己及其生意聚集声望。他到处旅行，多次去欧洲。在英国，他很快就听说了贝塞麦炼钢法，并认识到：到头来这种新工序没准是一种可靠的工序，应该被采用。调查研究彻底转变了他的观念。他匆忙赶回匹兹堡，让他的合伙人大吃一惊的是，他别的什么也不谈，所说的全部是钢、钢、钢。他立即以 70 万美元的资本组建了卡内基—麦坎德利斯公司。卡内基拿出了所需款项的大部分，并立即采取步骤，要建一家大厂。

新厂位于距离匹兹堡几英里处，取名为"埃德加·汤姆森钢厂"，是以宾夕法尼亚铁路公司总裁的名字命名的。这是卡内基又一个精明而工于算计的举动，他希望从这家大的钢轨用户那里尽可能得到所有的订单和利益。而且，这是一段几乎没有铁路规章的时期，无论是在石油行业，还是在钢铁行业，铁路折扣都是惯例。事实上，任何大的货主通常都能从铁路公司那里获得折扣，而这对小货主来说极为不利。就此而言，卡内基觉得，与宾夕法尼亚铁路公司高层之间的密切关系，将是一笔有价值的资产。

大约就在卡内基挣钱准备买断铁城铸造公司的时候，1864 年，一个名叫亨利·克莱·弗里克（Henry Clay Frick）的 14 岁男孩，在距离匹兹堡 40 英里的芒特普莱森特镇的一家乡村商店里干活。弗里克出身贫寒，其祖先在 100 多年前从瑞士移民美国。他是一个安静而喜欢思考的小伙子，矜持自制，沉默寡言。在那一时期，一个新的产业正在芒特普莱森特发展，这个产业被称为"炼焦"。把煤开采出来，放在砖砌成的窑里烘烤，直到它转变成很脆的灰色小块。这玩意儿对炼铁的人来说很有价值，他们熔炼铁矿石要用到这种东西。要说弗里克充分认识到了美国钢铁业的发展前沿是什么，或者说他预见到了炼焦将会成为巨大产业的钢铁时代，那绝对是子虚乌有的事情，但这孩子在炼焦中看到了一个有利可图的机会，并开始存钱，希望有朝一日能有足够的本钱去买一小块煤地，自己也进入这个行当。大约四五年的时间，他终于存到了足够买一小块煤地的钱，然后，他又极力劝说祖父和叔叔买了一些低价出售的炼焦窑。但没过多久，1783 年的金融恐慌开始了，这项小小的事业就此受挫。弗里克不得不继续干活，拿着很低的薪水，并成了祖父的记账员，祖父从事的是酿酒生意。

亨利·克莱·弗里克(1849～1919)

年轻的弗里克很大胆，这是成功人士的典型特征，尤其是那些在美国开创了大事业的人的特征。卡内基在他的事业生涯刚开始的时候就表现出了这种特征，当时他违反命令，挽救了一场铁路灾难；洛克菲勒带着他区区 700 美元的积蓄一头扎进石油生意的时候也表现了这种特征；皮尔庞特·摩根早年就表现出了这样的特征，并且在他整个漫长、积极的事业生涯中这一直是他的主要特征。有一天，那是在 1873 年金融恐慌的愁云惨雾渐次散尽、商业开始复苏之后，一位名叫梅隆(Mellon)的匹兹堡银行家收到一个名不见经传的家伙发来的邮件，请求贷款20 000美元，落款是“H. C. 弗里克”。没有提供任何担保，但如果这笔钱立刻贷出的话，贷款者允诺有很大的利润回报。梅隆很喜欢这封信的口气，便派他的合伙人去芒特普莱森特镇调查。很自然,他本指望遇到一个有钱、有资产的人,结果却吃惊地发现,这位“H. C. 弗里克”只不过是一个为了一周几美元而拼命干活的年轻后生,住在一个煤矿工人家里的一间房子里。但银行家本人也是白手起家的,他喜欢这个诚实、阳光的年轻人,对他的真诚和聪明留下了深刻的印象。仔细的调查证明了他的第一印象,最终的结果是,他把 20 000 美元贷给了这个年轻的经营者。

在很短的时间内,弗里克成了邻近地区最重要的炼焦经营者。焦炭的价格持续上涨,以回应钢铁生产商的巨大需求,在一年的时间里,弗里克与同事们挣到了其投入资本的 100%的利润。所有的利润都投到了生意中,以购买更多的煤地,建造更多的炼焦窑。不久,弗里克成了康奈尔斯维尔的焦炭大王,他的利润正以数百万累积。然而,他不仅是个纯粹炼焦者,还是一个顶级组织者。他给焦炭行业的混乱带来了秩序。他劝诱他的竞争对手跟他联合起来,因此消除了“卡脖子式的竞争”。他还通过引进匈牙利人和斯拉夫人从而解决了棘手的劳工问题。他的劳动争议更多的是法规与秩序问题,而不是工资之类的问题。总体上,他提高了工资,改善了他这一地区的乡村和煤矿,但他决心要成为本行业的主人。

1882 年,当产业合并的趋势开始的时候,把炼焦和钢铁制造牵到一起是再自然不过的事了。弗里克和卡内基都认识到了这一观念的逻辑性。因此,就在这一年,卡内基和同事们控制了弗里克焦炭公司。这次所有权的变更,把弗里克带进了钢铁行业。他在卡内基的钢厂里获得了可观的股份,也获得了一年比一年更明显的影响力。他的聪明才智和熟练才干正好是卡内基的组织所需要的。公司事务中一个新的篇章如今已经展开。在通过购买焦炭业务从而获得了对一种原材料的控制之后,这家公司如今要乘胜前进,获得对矿床的控制。而且,因为最有价值的矿石沉积层远离匹兹堡,在苏必利尔湖地区,因此对这家公司来说,进入运输业就变得很有必要了,要在五大湖地区建立航运线,还要修建从这一水域到它在匹兹堡的工厂的铁路。

卡内基的合伙人所获得的梅萨巴矿田,最早是由路易斯·梅里特(Louis Merritt)开掘的,几年前,他把自己的股份卖给了约翰·D. 洛克菲勒。那时候洛克菲勒对油田之外的事情知之甚少,他后来认为自己做了一笔很糟糕的投资。但在匹兹堡,人们并不这么想,那里的人如今已经充分认识到了在苏必利尔湖采矿发财的可能性。一个名叫亨利·奥利弗(Harry Oliver)的人一直从事钢铁行业,早年是卡内基的朋友,他认识到了梅萨巴山脉的潜力,于是花了一小笔钱在那里买了一大块地。不久,弗里克在大街上遇到奥利弗,后者建议卡内基公司跟他一起去开发梅萨巴矿。弗里克提出的条件是:奥利弗应该交出他 5/6 的股份,作为回报,卡内基付给他 50 万美元用于矿山的开发。协议达成了,就这样,卡内基公司获得了一笔没过几年就价值达数千万美元的资产。但这只是控制矿石供应的第一步。几年后,弗里克和奥利弗与约翰·D. 洛克菲勒联手开发苏必利尔湖的铁矿。这一强大的联盟导致铁矿石价格大跌,把很多小生产者逼上了绝路,他们的股份于是被弗里克和洛克菲勒的联合体买了过来。

就这样,钢铁生意从很不起眼的起点开始,发展成了一个庞大的产业。与此同时,铁路遍布于整个大陆,石油生意成了一个受洛克菲勒家族控制的垄断行业。一个新的时代即将来临:已经在铁路领域里忙活的华尔街大银行家们,也将加入到石油、钢铁以及大多数其他工业计划和公共事业中来,它们已经在规模和价值上得到了如此大的发展,以至于再也不可能独立于庞大的金融界之外了。

第二十九章　标准石油与华尔街

1859年，在加利福尼亚州发现金矿10年之后，又有了另一个划时代的发现，这次是在宾夕法尼亚州。韦南戈县的一位有胆识的探矿者钻了一眼井，石油喷涌而出，人们已经知道这玩意儿有很大的商业价值。这次发现就像找到液体黄金一样，因为一桶石油可以换来20美元，它以每天25桶的速度涌出。仅仅几个月，宾夕法尼亚州西北部发现石油的那条狭长的河谷里便挤满了疯狂的人，发疯似地竞相挖开地面，这是所有新矿区的典型特征。就人们所知道的而言，石油可能很快就会枯竭，每个人都手忙脚乱地要赶在枯竭之前"大发横财"。

大约就在这一时期，俄亥俄州克里夫兰市有一个年轻的代销商，名叫约翰·D.洛克菲勒，他辛辛苦苦存下了大约700美元，是从无到有省吃俭用攒下来的，一次几美元。1860年，他抓住了机会，与另外3个人一起从事开采石油的冒险活动，投入了他700美元中的一部分。不出两年的时间，3个人把他们的投资扩展到了约4 000美元。他们生产优质燃油，像当时所有的炼油商一样，他们的利润也大得令人吃惊。接下来的几年时间里，这家公司每年都要挣到数万美元。但是，从一开始就支配着这个联合体的洛克菲勒并没有把利润抽走，而是坚持尽可能地把挣来的每一分钱再投资于这个行业。他总是这样劝他的合伙人："从你挣到的钱中拿出居家过日子必不可少的部分，但其余的钱应该留下来。别买新衣服，也别买快马，让你老婆戴她去年那顶旧帽子。你找不到任何其他地方能像这里，钱

约翰·D. 洛克菲勒与他的同事们

能生出那么多钱。”

这倒是真的，但这个新行当也有特殊的风险。首先，经营者完全没有经验可资借鉴。实际上，当时没有一个人知道这里的石油什么时候会开采完；很多人都担心要不了几年它就会枯竭，到时候他们手里就会留下那些毫无用处的工厂。其次，它面临着不计后果的恶性竞争：所有企业都信誓旦旦能创造出惊人的利润。洛克菲勒有足够的远见认识到这些危险，也有足够的精明为此做好准备。因此，他很早就提出了这样的理论：只有始终有大笔的现金储备做支撑，才能确保石油生意的安全。他认识到，假如有更多的石油被发现，石油生意就能继续大规模地做下去，那么也只有那些拥有直接的现金资源的企业才有希望最终在这一领域占支配地位。那些一挣到利润就把它们挥霍掉或花掉的生产商和精炼商，到头来将不得不屈从于那些在同一领域活动的更强大的金融财团。

因此，在石油行业正站稳脚跟的那段时期（1860～1870 年期间），约翰·D. 洛克菲勒和他的朋友们年复一年、稳定而平静地增加着他们的现金，直到 1867 年，他们才完全不用依赖银行家或金融家——像这个国家的铁路或其他大产业那样。他们从一开始就是自己的银行家，甚至很早就拥有了对华尔街和伦巴第街不屑一顾的地位。当俄亥俄标准石油公司在 1870 年以 100 万美元的现金资本组建成立的时候，它无疑是美国的一家没有债务、没有与银行业直接结盟的大型商业公司。

标准石油公司在印第安纳州的炼油厂

当然,除了洛克菲勒集团公开宣布的政策之外,银行或投资集团的这种完全缺席还有一个理由。从一开始,像摩根财团、德雷克塞尔财团以及与美国有关系的外国财团这样一些银行家族,就与这个新兴的行业保持着距离,正像华尔街的保守资本直到20世纪依然与诸如铜矿、电力等不稳定的产业保持着距离一样。石油产业没有证明自己的持久性或稳定性,因此被归类为"投机",而不是稳妥可靠的投资。

洛克菲勒有足够的远见预料到这一态度,并对之加以利用,于是形成了自己的政策:就算石油产业能够证明它的持久力量和盈利能力,他和他的伙伴们也会收获全部的利益,而不会让银行界或资本家从中分一杯羹。这样做是为了获得足够的资金,使石油生意能够熬过歉收或不挣钱的时期,就像那些铁路公司不得不做的那样。不久之后,这一政策的智慧得到了验证。艰难时期来临了,全国各地的炼油商都因为缺少现金而陷入绝境。银行家们因为这一行业的新奇和不稳定而不愿意帮助他们。于是,标准石油公司开始廉价购买那些更弱小的炼油厂,并建立了一条跨越整个国家的工厂链。这使得它能够组织大规模生产,并把精炼和分销的成本降低到只有竞争对手们成本的一小部分。然后,标准石油公司买下了连接全国各地油井的管道,并一英里接一英里地铺设自己的管道网线。这迫使铁路公司做出让步,因为它们是大的石油托运人。铁路公司不得不同意秘密折扣的政策,这一政策对标准石油公司有利,而对其他独立的炼油商则不利。最后,石油贸易中的几乎所有竞争都通过这些方法给消除了,直到1879年,标准石油集团成了这个国家全部石油(仅有10%例外)惟一的真正买主、惟一的开采商、惟一的精炼商。一家接一家,这个行业所有没有足够资本的工厂全都落入了一家提供现金的公司之手。

在标准石油公司迅速扩张的10年时间里,积累并保持大笔现金资源的政策从未被放弃过。到1875年,现金资源已经从1870年的约100万美元增长到了1 300万美元以上;6年后达到了4 500万;而在这10年的时间里,标准石油公司及其子公司不仅用现款买断了大部分竞争对手,而且还另外派发了1 100万美元以上的红利。

直到这一时期,大多数人都没有预见到石油工业的潜力。他们尤其没有想到它会导致资本的集中。那些引人注目的大银行家,例如,杰伊·库克公司、德雷克塞尔—摩根公司,以及德国与荷兰的资本在美国的犹太人代表,都把注意力几乎完全集中在蒸汽铁路的开发上。库克家族、摩根家族及其同事们的功绩就是为政府和铁路融资。这个事实，在标准石油托拉斯取得北美大陆上最强大的“资本大亨”的地位很久之后，依然没有改变。因此，在以摩根财团为代表的美国银行界迅速崛起的同时，还有一支被长期忽视的新生的金融力量也在迅速发展。坚持洛克菲勒的政策意味着标准石油的资本家们必须以能够履行银行职能的方式来组织，因此俄亥俄标准石油公司从一开始就是自己的银行家。当这一产业迅速蔓延、子公司在各州组建的时候，由一个中央总部处理庞大的财务运作就变得势在必行。纽约总部便组建起来了，并成为公司业务的财务中心。众多的子公司全都对纽约总部负责，所有现金和剩余资金都流向那里。

随着1882年的开始，标准石油公司的资本家们开始发挥影响力的时期在华尔街有了更直接的感受。鼎鼎大名的标准石油托拉斯就是在这一年组建的，“百老汇26号”成了美国石油工业官方的金融和商务中心。不久，标准石油托拉斯真正成了一家规模巨大的银行—— 一家产业内部的银行，为这一产业融资以应对所有的竞争，不断把大笔的钱贷给那些以高级抵押品做担保、急需用钱的借款人，就像其他大银行所做的一样。

标准石油公司被现金资产撑得鼓鼓囊囊的，一小撮控制其命运的人成了亿万富翁。1870～1882年间派发了1 100多万红利，约翰·D.洛克菲勒得到了其中的大部分，但奥利弗·H.佩恩(Oliver H. Payne)、亨利·M.弗莱格勒(Henry M. Flagler)、威廉·洛克菲勒(William Rockefeller)等极少数其他人也斩获颇丰。很自然，这些新晋的百万富翁也要为他们惊人的收入寻找投资的渠道——除了他们能够再投资于石油产业的那部分之外。他们很快就被推向了其他的行业，不仅仅用他们自己的资金，而且还为标准石油公司本身不断增长的余款和现金寻找投资渠道。

我们不妨回溯到内战前那个遥远时期，G. G.豪兰(G. G. Howland)与S.豪兰(S. Howland)的西印度商行在华尔街尽头做生意。最后的、可能也是最伟大的老派纽约商人——摩西·泰勒(Moses Taylor)——在那里当学徒。他是在最严格的老派商人的传统中培养出来的，因为他父亲曾是老皮毛商约翰·雅各布·阿斯特(John Jacob Astor)的秘密代理人。1832年，当泰勒26岁的时候，他在西印度公司开始了自己的生意，成了大宗原糖贸易中一个主要人物。1855年，他成了老“城市银行”——原料商人的银行——的总裁。

那些富有的古巴种植园主都把钱存在他那里，把大量的美国政府债券

标准石油公司大楼，百老汇 26 号

交给他照看，他们把自己的存款投入到了这些债券中。这家银行还有强大的棉花客户，处理诸如费尔普斯—道奇公司之类大型原料进口公司的业务。即使在那个时候，它就应该是一家很有实力的银行—— 一个由比它自己更强、更大的财团所组成的联盟。

摩西·泰勒对管理银行有自己的想法。首先，它必须强大；他的现金储备就是他的骄傲。城市银行一直持有大量的现金余额。无论何时，只要出现金融恐慌，每个人都会把自己的钱放到在自己看来最安全的地方。摩西·泰勒的银行安全而强大；每一次金融恐慌都会让它变得更加强大。城市银行的故事，从泰勒掌管它的时候起，就是一份在信用和声望上稳步增值的记录。给它做后盾的，是有着巨额私人财富的摩西·泰勒，据估算，到1882 年泰勒去世的时候他的个人财富达5 000万美元。在这段时期，华尔街已经挣脱襁褓，长大成人，成了金融和商业的中心，远远超过美国的任何一座城市。在城市银行附近，与它积极做生意的，依然是糖商、棉花经纪人、金属商人，以及南方和西部的一些铁路公司。

当摩西·泰勒去世的时候，城市银行(在同类机构中即使不是最大的也应该是最强的)的未来暂时悬而未决。珀西·R. 派恩(Percy R. Pyne)是一位温文儒雅的绅士，一直负责掌管泰勒的商业利益，在接下来的 9 年时间里，他管理着城市银行，但在他当政期间没有什么惊人的发展。城市银行坚持了下来，这就是一切。但是，随着派恩 1891 年的去世，一位真正的“资本大亨”作为这家著名银行的领头人出现了。詹姆斯·斯蒂尔曼(James Stillman)1850 年出生于得克萨斯州的布朗斯维尔市，父母是新英格兰人。他是个羞怯腼腆、沉默寡言的孩子，从一开始就接受老派商人阶层中的品德和习惯训练。玩具银行是他最早的玩具之一(这个他一直保存着)，他在这个玩具上写上了“城市银行”几个字。他的父亲一直与摩西·泰勒及城市银行的利益有关联。在他十几岁的时候，父亲瘫痪了，年轻的斯蒂尔曼只好靠自己。21 岁那年，他成了史密斯、伍德沃与斯蒂尔曼公司的合伙人，这家公司位于华尔街附近的南街，做棉花代理业务。但斯蒂尔曼并不喜欢做普通的生意。在他的合伙人们热火朝天地把棉花生意做得红红火火的同时，他自己却越来越多地与那些具有金融方面的知识和能力的人掺和在一起。在 19 世纪 80 年代初期，斯蒂尔曼被选入芝加哥—密尔沃基—圣保罗铁路公司董事会，当时这家公司正在寻找更强有力的金融关系。同时被选进这个董事会的还有威廉·洛克菲勒(William Rockefeller)(他和他哥哥正在为口袋里鼓鼓囊囊的现金资本寻找出路)、汉诺威国家银行总裁詹姆斯·T. 伍德沃(James T. Woodward)，以及中西部罐头食品商菲利普·D. 阿默(Philip D. Armour)。

圣保罗公司董事会的联系把斯蒂尔曼和洛克菲勒带到了一起，当威廉·洛克菲勒在 1885 年成为汉诺威银行的董事时(斯蒂尔曼也是这家银行的董事)，他们的关系便越发密切了。他们不仅是商业伙伴，而且也是私人朋友。1891 年，当城市银行提出让斯蒂尔曼担任总裁的时候，洛克菲勒的业务也就自然而然地向这家机构转移了。但是，当时没有一个人认识到斯蒂尔曼是个了不起的银行天才，也没人有意识地计划让两个奉行同样政策(积累雄厚的现金资源)的大集团——城市银行与标准石油公司——联合起来。

城市银行的业务几乎立即显示出了新的活力。1891 年，它的存款只有1 200万美元，但到了 1893 年的金融恐慌之前，这个数字上升到了 3 100 万美元。在 1891 年，纽约有好几家银行的存款两倍于城市银行。两年后，

纽约银行大楼

它成了纽约最大的银行，并且正稳步地成为美国最大的现金蓄水池。城市银行与洛克菲勒集团的联盟缓慢却稳定地变得越来越密切。多年来一直负责标准石油财务的威廉·洛克菲勒借助城市银行，越来越多地把它的盈余拿来投资。在1893年的黑暗岁月里，无论何时，只要标准石油公司进入华尔街，就会临时性地贷出它闲置的数百万美元，从而解决现金紧张困境，而且这笔业务是由城市银行处理的。因此，没过多久，这家机构就开始被人们称为“标准石油银行”。

但事实上，在华尔街把钱贷出去对于标准石油来说的确是小事一桩，1882～1895年期间，它的现金储备从5 500万美元增长到了1.5亿美元，与此同时，其股东得到的分红不少于1.18亿美元。这一大笔现金积累，石油生意中并不需要，因此必须把它投到某个有利可图的其他用途上。洛克菲勒兄弟不是那种仅仅满足于5%或6%的利润的投资人，他们是在不同的学校接受教育。他们想要的是（如果可能的话），用他们多余的钱投资所挣到的钱，应该与他们在自己的行当里挣到的钱一样多。但是，要想用这样快的速度挣钱，需要他们在石油生意中所使用的同样精明、同样高超的方法。对于有眼力的人来说，有一点很清楚：标准石油公司投资的其他企业最终必须由标准石油公司控制或支配。早在威廉·洛克菲勒投身于芝加哥—密尔沃基—圣保罗铁路公司的财务管理之前，他就在某种程度上预料到了这一发展。但直到1893年的金融恐慌之后，他和合伙人才开始积极出手，以控制很多公司的命运。

1897年，当爱德华·H. 哈里曼(Edward H. Harriman)与库恩—洛布公司就联合太平洋铁路公司的重组达成一致的时候(我们在后面的章节里将会讲到)，他们决定通过城市银行来给这项事业融资。他们之所以选择这家银行，是因为联合太平洋公司的重组涉及支付给联邦政府4 500万美元以上的现金，这是当时同类业务中最大的一宗现金交易，而拥有伟大名声和资源的城市银行是最适合这一目的的工具。就这样，标准石油公司与联合太平洋公司联起手来，也与库恩—洛布集团联起手来。在重组后的联合太平洋公司最早的董事中，有雅各布·H. 希夫(Jacob H. Schiff)、爱德华·H. 哈里曼、亨利·C. 弗里克(Henry C. Frick)、詹姆斯·斯蒂尔曼和威廉·洛克菲勒。城市银行的人起初并没有向联合太平洋公司投入很多

约翰·D. 洛克菲勒(1839～1937)

钱。但他们是承销财团中的重要因素，承销业得到了数百万份股票作为佣金。承销财团的成员后来又买了更多的股票，每份 20～30 美元，直到最后，大约有全部股票的 1/3（实际上可以控股）在威廉·洛克菲勒、詹姆斯·斯蒂尔曼、爱德华·H. 哈里曼和库恩--洛布公司的手里。

从一开始，联合太平洋公司就是按照传统的标准石油公司的方式融资。它是一家名副其实的银行。它以那些负责其经营的杰出金融家们的全部技巧，保持和处理着庞大的现金资源。在接下来的 10 年时间里，通过哈里曼精明而大胆的行动，加上标准石油公司的坚强后盾，联合太平洋铁路公司凭借它自己的铁路系统，积累了将近 15 亿美元的资本，掌握了约 20 亿美元其他资本的绝对控制权。

与此同时，标准石油公司以及作为整体的洛克菲勒集团的利润，像雪球一样越滚越大，仅联合太平洋公司尚不足以保持这家巨大的金钱制造厂运转，它们必须找到另外的出路。威廉·洛克菲勒增加了他在圣保罗公司中的股份。而约翰·D. 洛克菲勒——他在石油之外的唯一重要的行动就是苏必利尔湖矿田——如今很同情杰伊·古尔德资产一蹶不振的经营状况，他在纽约、纽黑文、哈特福德及其他东部铁路系统购买了巨额股份。在这个 10 年结束的时候，还有其他的行动需要洛克菲勒集团参与。城市银行——如今的花旗银行——传统上是金属商人的银行，并一直与他们保持着联系。标准石油集团中也有人与原材料（尤其是铜）关系密切。亨利·H. 罗杰斯（Henry H. Rogers）是标准石油公司眼下的董事会副主席，实际上是它的总经理。最近几年，他广泛地进入了铜矿业，如今组建了一个拥有巨大矿产资源的公司，即“联合铜业公司”，该公司控制了明尼苏达州孤丘县的安纳康达铜业公司。这个财团通过花旗银行在华尔街融资而创立。资本是 1.5 亿美元，在洛克菲勒的金钱及标准石油的巨大声望的支持下，联合铜业公司立刻成了那个时代最受青睐的投机股票。

花旗银行的存款如今增长到了 1 亿美元以上，它的资本金，从名义上的 300 万美元增长到了2 500万美元，有1 500万美元的余额。它让美国所有其他的银行都黯然失色。所谓的“摩根银行”，比如第一国家银行，与它相比是那么毫不起眼。在美国公众的眼里，花旗银行如今占有了一个独一无二的位置，它是“金钱势力”最主要的机构。所谓“金钱势力”，指的是洛克菲勒兄弟和他们的盟友们，他们不断地在新的方向上显示着自己的影响和权力。他们最近进入了公共事业的领域，与威廉·C. 惠特尼（William

C. Whitney)[他通过联姻与奥利弗 · H. 佩恩(Oliver H. Payne)结成了同盟并成了标准石油公司的大股东]一起,共同控制了纽约联合燃气公司。联合燃气公司先后控制了几家与其竞争的燃气公司,跟老城市银行的利益关系则一直很密切。随后在 1899 年与纽约爱迪生照明公司实现了轰动一时的合并,一举把纽约市所有的照明公司置于一家公司的控制之下。看上去摩根之星似乎即将因更强大的发光体而黯然失色。

第三十章　钢铁托拉斯

在这个关于巨额财富和超常繁荣的故事中，我们险些忽略了1893年那场损失惨重的金融恐慌，美国大多数大型工业企业便是从这场劫难的颓壁残垣中浮现出来的。在接下来的长期萧条中，各地的制造商都被迫关门大吉。资本严重不足，商品需求很小，数以千计的工厂完全或部分地闲置了好几年。钢铁产业尤其如此。大多数钢厂都处于休眠或濒临倒闭的状态（卡内基的工厂始终除外）。再也没有分红了，丧失抵押品赎回权倒是十分盛行，投资人血本无归。

1894年的关税改革，对于许多在长期高额关税保护中静悄悄地发展壮大的产业来说，是一个沉重的打击，这段保护时期从美国内战结束一直维持到了克里夫兰的第二届政府。然后，1890年的《谢尔曼法案》（The Sherman Act，特别针对贸易限制中的合并）吓得投资者纷纷逃离一些“工业托拉斯”，比如标准石油托拉斯、绳业托拉斯、糖业托拉斯以及酒业托拉斯，这些托拉斯在19世纪80年代兴盛一时，法律也没找它们的麻烦。它们最后都被重组，以逃避强烈反对它们的法律、银行与投资偏见对它们的惩罚。

但是，1897年，共和党东山再起、重新掌权，并立即制定了新的关税法（规定了高额的保护性关税），与此同时，某些被公布的法庭裁决看上去似乎是要限制《谢尔曼法案》的适用范围，此时，一波复苏的繁荣浪潮席卷全国，资本带着新的信心转向了工业领域。除了标准石油之外，还有几家早

卡内基公司在俄亥俄的钢铁厂

期的托拉斯熬过了这次恐慌，依据法律进行了重组，其中特别引人注目的是美国炼糖公司和美国烟草公司。新的产业合并就遵循这两家公司的模式。它们并没有把已取得的工厂的控制权置于“托管人”的手里，而是交给新组建的公司，这些公司获得了某些竞争性公司的全部或大部分股票，并把这些工厂合并起来置于一家公司的控制之下，所使用的办法常常是把控股公司的股票置换成这家工厂的股票。

到1899年，当时机成熟的时候，产业合并运动热火朝天地开始了。利率很低，到处都能贷到款，全国各地一派繁荣景象。正如我们已经看到的，所有重要的铁路重组都已经完成，保险柜里已经塞满了巨额承销佣金的大银行家们正在寻找的新生意。新的产业合并计划的发起人去华尔街寻求银行业支持的时候，很少遇到什么困难。华尔街在发掘大型工业企业融资过程中的机会上一点也不慢。一个显著的例证便是美国烟草公司。该公司创建于1890年，是里士满的艾伦与金特公司、北卡罗来纳州达勒姆的杜克兄弟公司以及许多其他有名的制造商合并而成的。它的原始资本是1 000万优先股——代表着资产的价格，以及1 500万普通股——代表着商誉或“水分”。但公司的生意是如此迅速地一路高歌猛进，以至于到1898年，它的“资本”就增长了5倍，也因此创造了一批新的百万富翁。

然后就是伟大的联合铜业公司在亨利·H. 罗杰斯的指导下迅速崛起，而且，“工业”投机在证券交易所逐渐成风。一连串新的合并接踵而至，其中尤为引人注目的有：美国熔炼公司，资本超过1亿美元，囊括了100多家工厂；美国毛纺公司，以5 000万美元的资本合并了很多新英格兰毛纺厂；美国汽车和铸造公司，合并了一些大的汽车制造厂；美国皮革公司，合并了20多家面革制造商；国际纸业公司，拥有5 000万美元的资本，合并了多家造纸厂。在不同的产业线上还有其他大量类似的合并。

但是，在所有工业托拉斯中，最大的还要算全国钢铁产业的合并，它是从1898年的联邦钢铁公司的合并开始的，作为一家控股公司，它获得了下列公司的股票：伊利诺伊钢铁公司、明尼苏达钢铁公司、洛兰钢铁公司，以及埃尔金—若利埃—东城铁路——这是在芝加哥城附近运行的一条运输线。新公司的法定资本是2亿美元，其中大约有一半是最初发行的。它是一家强有力的联合体，掌握在一些强有力的金融家手里。J. P. 摩根公司承担了这家公司融资业务的最主要部分。伊利诺伊钢铁公司的总法律顾问埃尔伯特·H. 加里(Elbert H. Gary)是芝加哥首屈一指的企业律师，因此他与“朱庇特”摩根建立起了密切的联系，并被选为新公司的第一任总裁。这项明智的选择被后来的经历所充分证明。

紧接着是美国钢丝公司，拥有9 000万美元的资本，由鼎鼎大名的约翰·W. 盖茨(John W. Gates)创立。这是一次西部大工厂的合并，其中有许多工厂专门生产带刺铁丝网、铁钉、铁丝栅栏，但也包括很多其他产业，或多或少蚕食了联邦钢铁公司先占的地盘。盖茨最初是一个带刺铁丝网的推销员，也是一个声名狼藉的投机者。接下来还有其他的一些公司被合并，例如，国家钢铁公司、两家合并的摩根公司、国家钢管公司，以及美国桥梁公司。

卡内基和他的合伙人们正密切注视着形势。钢铁产业的大复兴自然对他们有利，他们的力量正在稳步增长。但卡内基和他的两个主要合伙人弗里克与菲普斯却是各自从不同的角度来看待商业帝国。10多年来，卡内基一直真心实意地渴望退休。他已经挣到了数百万美元，日子过得很不错，因此，他并不渴望成为有着很多外部利益的大银行家，像摩根、威廉·洛克菲勒或斯蒂尔曼。而亨利·C. 弗里克是个天生的资本大亨，他预见到了时代的趋势。他认为，一个人大权独揽的时代已经过去；未来的大企业将要由有着不同利益的资本家集团来支配和控制；即使是完备的产业，如果它们希望活下去，也必须与其他产业结成同盟。他相信，合并必定要取代竞争，他和他的合伙人迟早要参与到合并运动中来。卡内基在这场运动中只看到了一个机会，那就是按照自己设定的价格卖掉手里的全部股份。很自然，卡内基跟弗里克吵了起来。弗里克对钢铁生意之外的事越来越感兴趣。他在不同的企业里与威廉·洛克菲勒和亨利·H. 罗杰斯建立了联系，他甚至成了宾夕法尼亚铁路公司当时最大的股东之一，并且担任多家公司的董事，是华尔街一个引人注目的角色。这些活动让卡内基很不高兴。他的另一位合伙人亨利·菲普斯站在弗里克一边，于是也与卡内基渐行渐远。

与此同时，一帮芝加哥的投机者和发起人走上了前台。一位大胆的发起人威廉·H. 穆尔(William H. Moore)组建了钻石火柴公司、全国饼干公司和美国马口铁公司。他和他的合伙人从组建美国钢箍公司和国家钢铁公司中挣了几百万美元。成功与大笔的现金结余让穆尔兴奋不已，他开始与卡内基接洽，向他提出用100万美元购买他在卡内基钢铁公司的股份90天的期权，全部股份的价格是157 950 000美元，其中1/3以上将用现金支付。卡内基同意了，并规定穆尔带上弗里克和菲普斯与他一起。卡内基推想，穆尔一个人单枪匹马可能筹不到这笔钱，而弗里克、菲普斯和穆尔一起则可以筹到。但事情并非一帆风顺。摩根对这项产业运作的稳定性尚没有信心；洛克菲勒家族还没有认识到像这样一项庞大计划所蕴含的潜力，尽管约翰·D.洛克菲勒本人对联邦钢铁公司还有点兴趣。就在这个节骨眼上，华尔街发生了一场临时性的恐慌，原因是罗斯韦尔·P.弗劳尔（Roswell P. Flower）突然去世，在急剧膨胀的牛市中，他是一个引人注目的操作者。这一事件妨碍了弗里克与穆尔的努力，没等他们筹到必要的现金，90天的期权就期满了。卡内基拒绝延期，一天也不行，他平静地把购买期权的那100万美元揣进了自己的口袋。

在钢铁行业持续兴旺、国家非常繁荣的时候，卡内基觉得他的第一次出价实在是太便宜了，不久之后，当约翰·D.洛克菲勒试图买断他的股份时，他把自己的价格定在了2.5亿美元。洛克菲勒想要的，无非是巩固自己在明尼苏达州矿田和运矿铁路的股份，还有在五大湖地区运矿船队所投入的资本。对洛克菲勒来说，卡内基出的价钱实在是高得离谱，这项提议也就无果而终。

在为钢铁生意打基础的时候，安德鲁·卡内基还在宾夕法尼亚州的克雷森泉修建了一幢夏季别墅。那里有一家车马房，一个名叫施瓦布（Schwab）的人在经营，卡内基常常从他那里租马匹。施瓦布有个儿子，名叫查尔斯（Charlie），总是在车马房附近闲逛，卡内基非常喜欢这个开朗活泼、性情温和的小伙子。这孩子有一副好嗓子，这引起了酷爱音乐的卡内基的兴趣。有一天，卡内基对孩子的父亲说："哪天您的孩子打算找活干的话，让他来找我吧。"

于是，1880年，18岁的查尔斯·M.施瓦布幸运地走进了卡内基的埃德加·汤姆森钢铁厂。小伙子干得很不错，成了总技师和副经理。当卡内基买断霍姆斯特德的一家重要竞争对手时，施瓦布被选为这家工厂的厂长，他迅速让霍姆斯特德钢铁厂成为卡内基最赚钱的资产，以此显示出了自己的奋斗精神。1889年，施瓦布被召回布拉多克，负责管理埃德加·汤姆森钢铁厂，3年后，他被任命为这两家工厂的总经理。

过了一段时间，卡内基告诉施瓦布，决定让他担任副总裁，对此，施瓦布回答道：

"不，卡内基先生，执行别人的命令我干不好，而当副总裁我却不得不

查尔斯·M. 施瓦布(1862～1939)

听别人的。作为厂长，我是我所管理的这两家工厂的老板。”

稍后卡内基再次找到他。“好吧，”他说，“如果你不想做副总裁的话，我想我们会让你当总裁的。”他们果真这样做了。1897 年，查尔斯·M. 施瓦布成了卡内基钢铁公司总裁。

施瓦布自然采用了卡内基的观念和商业政策。他长期反对弗里克的理论：成功商业的未来就在于联合与互相依赖。他说：“一家大型商业企业总是围绕着一个人构建起来的。”但这只不过是卡内基哲学的回声，当“利益共同体”运动开始主宰美国工业的时候，施瓦布逐渐改变了自己的观点。他还只有 38 岁，来日方长。65 岁的卡内基自然跟老派的理论难解难分。此外，卡内基希望从商界功成身退，而施瓦布觉得，自己才刚刚进入商界。在纽约的大学俱乐部为他举行的一次招待宴会上，这个年轻人强烈表现出赞同公司间的联合、反对残酷的竞争和你死我活的政策。

在与穆尔和洛克菲勒就卖掉自己的生意所进行的谈判失败之后，卡内基不露声色地等待着时机，直到摩根财团在与联邦钢铁公司、国家钢管公司和美国桥梁公司有关的钢铁生意中投入得越来越深，以至于没法收手了。然后，他开始着手一系列运作，打算在全国的所有钢铁公司中制造一场混乱。为了与摩根竞争，他宣布自己将进入钢管行业，直接与国家钢管公司竞争，他甚至在伊利湖的康尼奥特弄到了5 000英亩地，让人签订了用1 200美元建造钢管厂的合同。为了与约翰·W. 盖茨及其美国钢丝公司竞争，他宣布，将在匹兹堡建起一座轧钢厂。为了与洛克菲勒竞争，他下令组建一个大型运矿石的蒸汽船队，在五大湖地区开展业务。为了与宾夕法尼亚铁路公司竞争，他组建了一个勘测队，设计了一条从匹兹堡到大西洋的铁路线。他还计划立即修建一条运能巨大的运矿石的铁路，从伊利湖到匹兹堡地区。

诸如此类的恐吓，都被人们严肃认真地对待，因为每个人都承认，卡内基有能力实现这些计划。他已经控制了钢铁帝国。他的公司利润在1900年已超过4 000万美元；他的产量已经占到了美国贝塞麦钢的1/4，建筑钢材和装甲用钢板的1/2。他的成本比他的任何竞争对手都要低，而且，他没有债务。美国的整个钢铁行业陷入一片混乱。在华尔街的百万富翁当中出现了名副其实的恐慌。他们全都声嘶力竭地高喊："我们要甩掉卡内基。他会让他自己和我们大家全都完蛋，他是一个商业海盗。"惊慌失措的金融家们(他们的数百万美元套牢在联邦钢铁公司、美国钢丝公司及其他大公司里)赶忙去找摩根寻求帮助。标准石油的银行家们也得到了请求。但这项任务需要如此巨额的费用，而且充满如此多的不确定因素，以至于那些大胆的金融家都打起了退堂鼓，明显想让摩根担负起这副重担。

就在这个时候，查尔斯·M. 施瓦布与约翰·W. 盖茨碰了一下头，同意去见摩根。至于施瓦布的建议是不是卡内基指示的，这一点可能永远也没人知道了，但到这时候，施瓦布已经像任何其他人一样清楚地认识到：钢铁行业的互相依赖对于它未来的繁荣来说是绝对必不可少的。至于盖茨，他的动机已经足够清楚：他也是那些被灾难给吓得惊慌失措的百万富翁之一。施瓦布与盖茨花了8个小时试图让摩根相信：必须把卡内基的股份买断。施瓦布阐述了卡内基做生意的鲜明特征以及依靠联合维护产业和平的迷人潜力。据传，他拿出了自己雄辩的口才，说得天花乱坠。不管怎样，反正他敲定了这笔买卖；摩根同意按照卡内基出的价格买断他的股份。这个价格比仅仅18个月前对弗里克与穆尔提出的价格高出了很多，甚至比上一年对约翰·D. 洛克菲勒报出的价格也要高。弗里克与穆尔可以用大约1.75亿美元买下卡内基的整个生意；他给洛克菲勒的报价是2.5亿美元；但摩根1901年1月支付的总金额，相当于4.47亿多美元的现金价格。

目光如炬的卡内基

这笔钱包括：给卡内基及其合伙人303 450 000美元的债券和将近2亿美元的股票，这些股票的直接市值约为1.44亿美元。这是有史以来世界上最大的一笔买卖。

就钢铁业务而言，卡内基如今总算被干净利索地解决掉了；他在康尼奥特的钢管厂计划，修建从匹兹堡到大西洋的铁路的计划，以及在匹兹堡修建大型轧钢厂的计划，全都被束之高阁。但在处理其他大宗钢铁股份时，摩根发现自己困难重重。联邦钢铁公司的董事们，除了埃尔伯特·H.加里之外，都反对任由卡内基宰割他们；盖茨如今觉得，如果摩根购买美国钢丝公司则应该付给他比当初约定的更高的价格；拥有苏必利尔湖丰富矿藏的洛克菲勒也希望得到很大的优惠，如果他要成为这场合并的一方的话。简言之，他打算合并的所有公司都突然发现，由于卡内基的威胁已经被消除，他们的资产应该多值几百万美元。

皮尔庞特·摩根所面临的，确实是一项艰巨的任务。在此前两年的时间里组建起来的五花八门的小型钢铁"托拉斯"，其资本都被过高估计了，发行了大量"掺水"的股票。因为，在始于1898年西班牙战争接近尾声、大萧条的阴影烟消云散的那段时期里，合并的狂热浪潮正风起云涌，各种类型的工厂被合并案的发起人抢购一空，也不管价格是高是低。有人讲过一个小故事，真假姑且不论，倒是颇能说明这种趋势。当一家小型“托拉斯”组建的时候，一天夜里，一帮钢铁大亨在完成收购之后前往芝加哥的途中。这伙人正在喝酒，气氛热烈，心情欢畅。突然，有一个人说：“下一站有家钢厂，咱们下车去把它买来吧。”“同意！”

当他们抵达那个车站的时候，已经过了午夜，他们把厂主从被窝里拖了出来，要求他卖掉自己的工厂。

“我的厂子值 20 万美元，但我不卖。”这就是他们得到的答复。

“价钱好商量，”兴高采烈的买方答道，“我们会给你 30 万——不，50 万。”

这个故事并非不可能，因为组成托拉斯的大多数工厂，是以比其实际价值要远远高出很多的价格买来的。因此，将要组建的企业，必定有一个惊人的资本估价，股票和债券的发行，也必定数倍于其资产在常规时期被迫出售时的价格。但皮尔庞特·摩根有能力应付紧急情况。他首先召来了他的副手们，其中一位是他年轻的合伙人乔治·W. 帕金斯(George W. Perkins)——此人注定要对这家即将诞生的公司发挥深远的影响，还有那些独立公司的巨头们，包括埃尔伯特·H. 加里、马歇尔·菲尔德(Marshall Field)、诺曼·B. 里姆(Norman B. Ream)、亨利·C. 弗里克和亨利·H. 罗杰斯。起初，摩根的计划是仅仅把那些已经与他的公司建立了密切关系的钢铁公司纳入这次合并，但他很快就认识到，把其他公司排除在外是危险的。如果把盖茨的股权留在外面，它们就很可能对新公司的和平构成威胁，因为约翰·W. 盖茨肯定会像卡内基那样拿他当沙袋揍。如果扔下穆尔兄弟让他们自谋出路，他们也可能会与其他人联手，一起做同样的事情。然而，主要的危险还是来自标准石油。如果允许约翰·D. 洛克菲勒继续独立，凭他手里的苏必利尔湖大矿藏和运矿的船队，可能容易引发灾难。第二家庞大的钢铁企业很可能轻而易举地在标准石油的控制下建立起来。因此，它必须是一个“要么全有，要么全无”的案子。钢铁产业必须完全合而为一，所有拥有强大的金融关系或巨大资源的公司必须全都搜罗进来。

埃尔伯特·加里奉命与独立厂商们展开谈判。美国钢箍公司的丹尼尔·G. 里德(Daniel G. Reid)被吸收进来了，他劝穆尔兄弟也加入合并。盖茨集团得到了他们想要的东西，然后亨利·C. 弗里克被派去找约翰·D. 洛克菲勒，看看是否能与他达成交易。这一时期，弗里克的位置有点独

施瓦布与加里

特。在他成为华尔街的一名投机商(而不仅仅是个钢铁大亨)的 2 年之前,他就与卡内基分道扬镳了。他并没有与摩根和洛克菲勒明确地结成联盟,但他与这两个人相处得都很不错。他与亨利 · H. 罗杰斯和詹姆斯 · 斯蒂尔曼联系密切;他已经进入了联邦钢铁公司;在宾夕法尼亚铁路公司的事务中,他是一个强有力的因素。总而言之,他被看作"产业共同体"观念的主要倡导者之一,强烈拥护这一观念的人有:宾夕法尼亚铁路公司的卡萨特(Cassatt),联合太平洋铁路公司的哈里曼(Harriman),以及大北方铁路公司的希尔(Hill)。

弗里克没费多大周折便把洛克菲勒收入囊中,尽管他支付的价格在当时看来确实很高。洛克菲勒得到了这家新公司8 000万美元的股票,其中一半是优先股,此外还有 850 万美元的现金,这笔钱是用来购买他的运矿船队。这是很大的让步,但控制苏必利尔湖铁矿是绝对必要的,因为这些矿藏占到了新公司矿石供应的 2/3。

就这样,在把美国所有重要的钢铁股份聚拢到一起之后,摩根发起并创办了美国钢铁公司。其股本总额超过 20 亿美元,债券超过 3 亿美元,这两者把华尔街的大银行集团与这家公司紧密联结在一起。由摩根一手操控的这场大合并,甚至把它的势力范围伸入了标准石油的"金钱势力"。在这个庞大的财团中，包含了一些大人物的名字，除了摩根与他的合伙人之外，还有：标准石油的亨利·H.罗杰斯和丹尼尔·奥戴(Daniel O'Day)，芝加哥的马歇尔·菲尔德、威廉·H.穆尔、詹姆斯·H.穆尔、埃尔伯特·H.加里、约翰·W.盖茨、H.H.波特和诺曼·B.里姆，克里夫兰的塞缪尔·马瑟(Samuel Mather)，波士顿的纳撒尼尔·萨尔(Nathaniel Thayer)，纽约的丹尼尔·G.里德、亨利·C.弗里克、查尔斯·M.施瓦布和D.O.米尔斯。于是，美国钢铁产量的70%被控制在一家公司的手里。钢铁产业，如今不是按照个人控制或独立法人控制的老套路进行运作了，而是与数十家大银行、铁路公司以及众多的其他法人企业联合在一起。

第三十一章　哈里曼与希尔

爱德华·H. 哈里曼(Edward H. Harriman)出身贫寒,父亲是个很失败的国教牧师,后半辈子是作为纽约老巴尔的摩银行的一名记账员度过的。小哈里曼出生于 1848 年,刚满 14 岁的时候父亲就为他找了一份差事:给华尔街证券经纪人德威特·C. 海斯(DeWitt C. Hays)打杂。大约就在这一时期,皮尔庞特·摩根正准备进入美国商界;安德鲁·卡内基在斯科特的指导下从投机性的石油和铁路冒险中积攒他的第一笔钱,并打量着贝塞麦钢这一新兴行业的地平线;约翰·D. 洛克菲勒正在奠定标准石油的基业;而比哈里曼年轻一岁的亨利·H. 弗里克,则正在芒特普莱森特镇上干着商店跑腿的活。

从一开始,年轻的哈里曼就表现出不同寻常的才干。他也有那种在弗里克、卡内基和摩根的性格中表现得非常显著的特征:大胆。他很快就开始在股票上挣到一笔小钱了。他迅速拓宽了自己的熟人圈子。他成了刘易斯·利文斯通的好朋友,利文斯通家族是纽约最古老的家族之一,刘易斯·利文斯通有个儿子,名叫詹姆斯。1870 年,在做到海斯公司记账员的位置之后,年轻的哈里曼在纽约证券交易所买到了一个会员资格,花了大约 3 000 美元。他力劝詹姆斯·利文斯通(James Livingston)与他一起进入股票经纪业务,让他父亲提供资本。哈里曼立即大获成功,以至于仅仅几个月的时间便和利文斯通散伙了,并组建了一家新的公司,自己当总裁,弟弟威廉成了他的合伙人。他极力接近那些有钱、有社会地位的人,培养

爱德华·H. 哈里曼(1848～1909)

友谊,没出几年,哈里曼就成了纽约城年轻"贵族"中的佼佼者。在这样的环境中,他最终与伊利诺伊中央铁路公司的人建立起了密切的联系。这家公司是在美国内战之前的那几年创建的,从一开始它就取得了惊人的成功。伊利诺伊中央铁路贯通南北,赶上了涌向西部的移民大潮;它的管理机构很早就以合算的价格在富饶的密西西比河流域购得了一些土地。刚刚建成没多久,美国内战就给它带来了一笔大买卖,它有幸逃过了那些毁灭性的竞争,而长时间的恶性竞争摧毁了东西向的铁路干线。

一群老派的纽约商人修建了这条铁路。尽管它 5/6 的股票是在英国与荷兰销售的,但它还是成了纽约许多古老家族最喜欢的可靠投资。在 19 世纪 70 年代和 80 年代,阿斯特家族、戈莱特家族和卡廷家族都是它的大股东。实际上,伊利诺伊中央铁路完全是纽约"上流社会的铁路"。在 1857～1883 年的这段漫长时期里,这笔资产一直被置于威廉·亨利·奥斯本(William Henry Osborne)的直接控制和运作之下,他是一位老马尼拉商人,19 世纪 50 年代从菲律宾带着大笔的财富回到美国。这些年里,他一直经营着伊利诺伊中央铁路,就像经营自家的货栈一样。奥斯本在纽约州的加里森有一幢避暑别墅,与古老而富有的菲什家族是邻居,这个家族有一位年轻的成员斯特伊弗桑特·菲什(Stuyvesant Fish)。1872 年,年轻的菲什成了奥斯本的秘书,几年之后被任命为伊利诺伊中央铁路的董事。1883年奥斯本去世的时候,实际上把这条铁路的经营交给了他的秘书,尽管直到多年之后菲什才真正成了总裁。

斯特伊弗桑特·菲什(1851～1923)

哈里森与菲什彼此认识了很多年,两个年轻人经常在纽约城的周围一起旅行。1880年,两人同时成为奥格登斯堡与尚普兰湖铁路公司的董事,哈里森一直希望获得对这家公司的控制权,因为到这一时期,哈里曼在生意上已经取得了实质性的进步,通过精明的证券交易,他挣到了几十万美元。他如今正开始从纯粹的经纪人向铁路管理和金融方面转变。

伊利诺伊中央铁路已经控制了圣路易市以南的铁路系统,这条线被称为"芝加哥—圣路易—新奥尔良铁路",斯特伊弗桑特·菲什在销售债券方面曾寻求哈里森的帮助。就这件工作而言,哈里森获得了引人注目的成功。与此同时,他自己也获得了一大笔伊利诺伊中央铁路的股票,越来越成为菲什的心腹顾问。在这一时期,有一个荷兰大财团持有伊利诺伊中央铁路的股票,他们的表决票由那家最初在荷兰销售股票的公司——布瓦塞万兄弟公司——来进行集体投票。这家公司的一名成员来美国访问时,哈里曼与他进行了会晤,取得了他的信任,然后安排他的代理人在伊利诺伊中央铁路公司开会。不久之后,哈里曼被选为董事,成为斯特伊弗桑特·

菲什在这条铁路的实际运作和控制中的亲密伙伴。

要说个性和举止上的差异，莫过于这两个人了。哈里曼是个小个子，安静从容，从不休息，守口如瓶；菲什是个大块头，面相老实，举止大方，他的金色头发和高大身材为他在金融界赢得了"白象"的绰号。然而，这两个人一度配合得很默契，在老牌的"瓦伯什—圣路易—太平洋铁路"于 1884 年破产后，他们买下了这家公司的部分股份；1887 年，他们买下了杜布克—苏城铁路；19 世纪 90 年代初，他们[违背科利斯 · P. 亨廷顿(Colis P. Huntington)的意愿]买下了那条铁路链，亨廷顿曾计划用这条铁路链把南太平洋铁路系统与大西洋海岸连接起来；他们买下了圣路易—奥尔顿—特雷霍特铁路中的重要一段[这条铁路是由乔治 · 福斯特 · 皮博迪(George Foster Peabody)在伊利诺伊州南部发展起来的]，因此获得了他们自己进入圣路易市的入口；他们还购买了大量小规模的铁路，直到他们所控制的铁路从 1883 年的 2 000 英里增长到了 1897 年的一个总里程数超过5 000 英里的铁路系统。

这一扩张政策并没有像很多其他铁路线所遇到的情形那样带来灾难。这一时期，铁路的信用度始终很高，即使在 19 世纪 80 年代，它也能够以 3.5%的利息销售债券，而其他信用良好的铁路也只能以 5%或 6%的利息筹集资金。伊利诺伊中央铁路有这么高的信用度，在极大的程度上要归功于哈里曼引入并加以发展的严格政策。哈里曼不仅仅是个银行家或经纪人，还是一个有实践经验的铁路经营者。他对铁路进行过透彻的研究，很早就采纳了这样的理论：铁路经营的首要职责就是要维护有形资产的品格，而眼前的利润则视为次要的。因此，在伊利诺伊中央铁路的经营中，他从不"剥铁路的皮"来分红，也从不允许路基或设备变得低效。他所采纳的另一个合理观念是：始终要准备充足的资金和储备，以备不时之需；从不允许他的资产在萧条时期冒金融风险。即使当他为扩张或收购而筹到了大笔新资本的时候，他也总是要准备远远超过眼下所需的现金资产。

哈里曼很快就有了足够的力量与皮尔庞特 · 摩根正面交锋。1887 年，摩根召集杜布克—苏城铁路公司的股东代理人开会，哈里曼希望为伊利诺伊中央铁路买下这家公司。哈里曼以挑战的姿态拿出了他的计划，并击败了摩根。这次"政变"在华尔街被视为 10 天的奇迹。从那时起，摩根就讨厌哈里曼。1894 年，哈里曼与摩根再次交锋。大约在摩根宣布他的伊利铁路公司重组计划的时候，哈里曼拥有价值几十万美元的优先债券。

哈里曼的私人专列

哈里曼拒绝按照摩根的提议处置他的债券，他提起诉讼以防止激烈的重组，最后迫使摩根做出让步。

到目前为止，哈里曼在华尔街之外尚不大为人所知。尽管拥有伊利诺伊中央铁路财务委员会主席的头衔以及这个位置背后的权力，但他依然因菲什的形象而黯然失色。但在 1895 年，哈里曼走上了前台。联合太平洋铁路公司的债券持有人正在寻找某个强大的银行财团为他们的资产融资。这家铁路公司因一大堆混乱不堪的子公司而遭遇了一场可怕的毁灭，联邦政府坚持要它偿还由最初的政府贷款所产生的巨额债务，加上自 30 年前铁路修建以来所累计的利息。摩根拒绝了重组这家公司的提议，因为他正忙着让很多其他铁路系统起死回生，实在腾不出手来。于是，哈里曼瞅准了这个机会。他决定自己来重组联合太平洋铁路，让它成为伊利诺伊中央铁路的一家子公司，利用伊利诺伊中央铁路的信用筹集必不可少的巨额资金。但是，还没等他的计划有什么大的进展，就遭到了库恩—洛布公司的反对，这家公司成了银行家，为芝加哥—密尔沃基—圣保罗铁路公司、大北方铁路公司及其他资产融资，如今也一门心思要重组联合太平洋铁路。

一场争夺控制权的激烈角逐随之而来。起初，雅各布 · H. 希夫(Jacob H. Schiff，库恩—洛布公司的总裁)根本不把哈里曼放在眼里，自信除了摩根和他自己之外，纽约没有哪个财团能够成功地重组这笔资产。但是，哈里曼很快就迫使希夫改变了自己的想法。两个人坐到了一起，按照华尔街的说法，他们把各自的牌摊在了桌子上。这是一次非常有趣而又令人信服的摊牌。希夫可以通过他强大的德国关系以5%或6%的利息筹集到数亿美元的新资本，但哈里曼则显示了他如何能以伊利诺伊中央铁路的信用做担保筹集到这笔钱，而且利息是3.5%～4%。希夫老老实实地认输，最终与这位新的资本大亨达成了协议。联合太平洋铁路由库恩—洛布公司重组，爱德华·H.哈里曼担任它的第一任董事会主席，后来成为它的总裁。

哈里曼如今一跃而引起了公众的注意。说来也巧，正如我们已经看到的，标准石油公司的资本家们也正是在这个时候对华尔街产生了兴趣——这一事件有着重大的意义。

对于那些实现联合太平洋铁路公司这次重组的人，给予再大的荣誉都不过分。首先，他们为一家破产了的铁路公司支付给联邦政府4 500多万美元现金——联合太平洋铁路债务的所有本金和累积了30年的6%的利息；其次，他们把重组后的铁路公司的债券和优先股的基准利率定为踏踏实实的4%。最后，在采取所有这些谨慎措施之后，他们开始大把大把地把钱花在了这一摇摇欲坠的穿越"美洲大沙漠"的铁路资产上。

在所有这些运作中，哈里曼都是权威领袖。命运之神对他青睐有加。西部干旱贫瘠的农业地区多年来第一次风调雨顺，五谷丰登。西美战争导致了美国对菲律宾群岛的占领，联合太平洋铁路公司从这些新领地得到了大笔的业务。哈里曼不仅花钱，而且是很快地花钱，2年内完成了估计要用5年才能完成的工作。他正在收获事业的成果。在他的指导下，3年的时间里，这一铁路系统从不足2 000英里扩展到了15 000英里以上。进入俄勒冈地区的老支线全都被重新合并了过来。在科利斯·P.亨廷顿1900年去世之后，哈里曼收购了南太平洋铁路公司45%的股票，主要是亨廷顿的股份。

但如今，大约正当钢铁产业大合并进行得热火朝天的时候，正当华尔街的大银行财团到处搭乘"摩根之星"号顺风车的时候，哈里曼庞大的铁路计划与詹姆斯·J.希尔同样庞大的计划发生了激烈的碰撞。不久之前，希尔还没有被人们看作华尔街的一位大佬。作为大北方铁路系统的创建者和成功管理者，他已经赢得了名声，但他并没有直接介入过华尔街的大宗交易。起初，当大北方铁路从1893年的金融恐慌中脱颖而出的时候，它在纽约的融资大部分都是库恩—洛布公司承接的。但在1897年摩根对北太平洋铁路的资产进行重组之后，希尔和摩根的关系开始密切起来。希尔获得了纽约市一家强大的老牌机构大通银行的一大笔股份，而摩根正在着手增加他在花旗银行的股份，乔治·F. 贝克(George F. Baker)是这家银行的总裁。在这一时期，贝克与他的合伙人也获得了大通银行的一大笔股份，两家机构明显在股份上结成了联盟。于是，作为一个自然而然的步骤，希尔获得了花旗银行一笔重要的股份。不久之后，希尔获得了摩根在最近重组的北太平洋铁路资产中的一大笔股份。这一举动明确地把希尔带进了以摩根为核心的金融家集团中，而哈里曼则依然跟洛克菲勒及城市银行集团保持着密切的关系。

(左起)卡内基、布赖恩、希尔与约翰·米切尔

希尔如今在大北方铁路和北太平洋铁路这两个铁路系统中都具备控制性的力量，日益成为哈里曼的竞争对手。后者认识到危险就在前面，并开始把联合太平洋铁路的支线延伸到俄勒冈地区。但希尔一直关注东部，他的两条铁路都控制着与芝加哥的连接，北太平洋铁路以圣保罗市为终点，大北方铁路终结于德卢斯市。同时，联合太平洋铁路与伊利诺伊中央铁路有着密切的同盟关系，后者进入了芝加哥，维持着与其他铁路线的交通连接。就在这个节骨眼上，希尔做出决定，让北太平洋铁路购买股票，控制芝加哥—伯灵顿—昆西铁路系统。当他宣布这一行动的时候，哈里曼的人顿时乱作一团，因为这意味着联合太平洋铁路将有一个直接的竞争者控

制着通向太平洋的 1/3 的铁路。而伯灵顿铁路线主要是为了它的铁路线能够从圣保罗向南延伸到芝加哥而买来的，而这一铁路系统还有一条有利的线路通向丹佛市，进入更远的怀俄明州。

哈里曼试图与希尔达成协议，劝诱他让联合太平洋铁路也参加伯灵顿线的购买，并因此把所有的西部铁路系统紧密联系在一起，实现共同垄断，但希尔拒绝了。于是，没有丝毫的犹豫，哈里曼迅速着手在公开的股票市场上买断北太平洋铁路的控制权。他希望以这种方式挫败希尔，因为北太平洋铁路（与大北方铁路一起）已经被当作搬运伯灵顿股票的工具，而哈里曼推想，大北方铁路的大部分股票毫无疑问都被希尔和他的朋友们锁在结结实实的保险箱里，只有北太平洋铁路股票中的一笔坚实的少数股才可以用这种方式持有。

买断这样一笔资产的控制权，意味着要动用8 000万～1 亿美元的现金。但哈里曼知道自己可以在什么地方搞到这笔钱。联合太平洋铁路的金库里已经有一笔巨额结余；除此之外，它还有大约6 000万美元的没有动用过的债券，哈里曼有权发行这批债券；在他的身后，还有库恩—洛布公司与城市银行（与标准石油联盟）庞大的现金储备。

还没等 J. P. 摩根公司明白过来，哈里曼就在控制北太平洋铁路的道路上走出了很远。摩根走得也很远，每年春夏之交他通常要去欧洲旅行，当这场暴风雨突然降临的时候，他正在大西洋上。他的主要副手科斯特在前一年去世了。摩根公司由罗伯特·培根（Robert Bacon）负责管理，培根是个漂亮、正直的年轻人，像希腊神一样英俊，但没有摩根那样的才干。几年前，他从波士顿的一家经纪事务所被调到摩根公司，但在一场大的金融危机中，他并不是摩根最理想的替身。

1901 年 4 月 1 日，摩根和希尔的人持有北太平洋铁路公司 1.55 亿美元总股本中的 3 500 万～4 000 万美元的股票。他们是在两三年前以平均大约 16 美元的价格购进这只股票的，亲眼目睹着它们上涨，远远高出票面价值，他们经不起诱惑，卖掉了手里持有的一些股票。同年 5 月 1 日，他们手里只剩下价值2 600万美元的股票。哈里曼宣布，他已经买下了北太平洋铁路股票中的实际多数。他确实有这么多股票，但哈里曼忽视了一个漏洞。他购买的既有优先股也有普通股，而公司的章程规定，优先股可以根据董事们的意愿而被收回，因此把表决权完全留给了普通股。问题很快就出现了：哈里曼并没有获得足够的普通股让他得到控制权。于是，希尔和

罗伯特·培根(1860～1919)

他的朋友们，连同摩根财团以及它的一些强有力的关系户，便得以重整旗鼓，聘请鼎鼎大名的股市操纵者詹姆斯·R.基涅(James R. Keene)为他们购买北太平洋铁路的多数股票。从5月3日至7日，买进了超过1 500万美元的股票，他们认为，这足以让他们拥有实际多数。

但如此同时，哈里曼也在买入。到5月9日，双方都声称他们拥有多数。股票被"逼仓"，价格一再飞涨；5月9日10点的时候，每股卖到了大约350美元。一个小时后，报价达到每股1 000美元。华尔街陷入了恐慌，每一种股票都应声下跌。很明显，如果不采取行动的话，到傍晚的时候，华尔街的每个经纪人、每个银行家都会跟着完蛋。于是，两位竞争者为了挽救他们身处其中的金融界，不得不暂时放下敌意。双方签署了一份停战协定，等摩根7月份回到纽约再做了断。同年11月，培根引退，他的身体被摩根公司生意的巨大压力给搞垮了，正像他之前的科斯特一样。他的位置被乔治·W.帕金斯(George W. Perkins)填补了。

1901年秋，北方证券公司成立，它铸就了另一根重要的链条，把华尔街上竞争的金融集团焊接在一起。北方证券公司是一家控股公司，资本为4亿美元，它的组建是为了通过股票交换获得北太平洋铁路的所有资产以及大北方铁路的多数资产，这确保了对伯灵顿铁路的控制，几乎所有它的股票都被这些公司得到了。因为联合太平洋公司和哈里曼以及标准石油集团购买了大量北太平洋公司的股票，所以这份协议意味着他们将控制北方证券的一半股票。就这样，通过一次巨大的努力，密西西比河以西辽阔区域内的铁路竞争被消除了，一个资本联合体组成了，它比钢铁托拉斯要大得多。哈里曼的资产如今包括：南太平洋铁路系统，其11 000英里铁路网线辐射整个西南部地区；伊利诺伊中央铁路，其 5 000 英里铁路从密西西比河流域一直延伸到墨西哥湾。希尔的资产，如今由希尔与哈里曼联合控制和运作，包括 15 000 多英里的铁路线，辐射芝加哥以北及西北整个富庶地区，通过两条截然不同的路线延伸到太平洋。

但是，这一西部资产的联盟，绝不代表哈里曼或摩根的铁路势力的全部或几乎全部。在哈里曼的促成下，联合太平洋铁路公司拥有了下列公司重要的股份：纽约中央铁路、圣保罗铁路、艾奇逊铁路、芝加哥—西北铁路，并且遵循着他强烈鼓吹的“产业共同体”理论。摩根像过去一样牢牢地控制着他的西部资产——伊利铁路与南方铁路，并在下列公司的经营管理中发挥着重要的影响：里丁铁路、理海谷铁路、巴尔的摩—俄亥俄铁路，当然还有范德比尔特的全部铁路线。连锁理事会在铁路世界蔚然成风。强大的宾夕法尼亚铁路，在亚历山大·J. 卡萨特(Alexander J. Cassatt)非凡而有力的个性的影响下，积极地推进着“产业共同体”的观念，其代表分布在所有的竞争对手及连接路线的董事会里。美国四面八方的铁路系统如今几乎全都被焊接在一起，实际上被置于一个强有力的利益集团的金融控制之下。

然而，还有一个漏洞没有堵上。赚钱的路易斯维尔—纳什维尔铁路依然在这垛防御工事之外，约翰·W. 盖茨自 1901 年把他的美国钢丝公司卖给钢铁托拉斯之后，便成了臭名昭著的股市“狂赌者”。1903 年，他与埃德温·霍利(Edwin Hawley)联手，买下了路易斯维尔—纳什维尔铁路的多数股票。霍利一直是科利斯·P. 亨廷顿的副手，在亨廷顿去世并把南太平洋铁路公司卖给哈里曼之后，他就成了一个自由职业者。他收购了一些小铁路公司，目的是通过卖掉它们来盈利，就像一个小本经营的人为了同样的目的而买股票一样。他和盖茨组成了一个强大的联合体，但他们是臭名昭著的股市操纵者，人们担心他们会通过一些不可靠的融资和无原则的操纵而在短时间内搞垮坚实而古老的路易斯维尔—纳什维尔铁路。事实上，这正是他们的意图。他们掀起了一场股票大投机活动，抓住了某些内部大人物的短，威胁要发起另一场类似于北太平洋铁路那样的“逼仓”。为防止这样一场灾难的重现，摩根出手了，按照他们开出的价格从他们手里拿走了路易斯维尔—纳什维尔铁路。后来，摩根把这笔铁路资产的控制权移交给大西洋海岸线铁路公司，这家公司是被亨利·沃尔特斯（Henry Walters）整合到一起的，沿南太平洋海岸与摩根集团协同管理。

现在，美国只有一个大型铁路系统逃过了摩根与标准石油那帮奉“产业共同体”为圭臬的保守银行家们的控制，这就是芝加哥—岩岛—太平洋铁路。1902 年，穆尔兄弟与丹尼尔·G. 里德(Daniel G. Reid)及其他人一起(他们的口袋里鼓鼓囊囊塞满了在钢铁大合并中挣得的数百万美元)组建了一个财团，买下了这笔资产的控制权。因此，岩岛铁路系统只不过成了华尔街赌徒们玩弄的一只橄榄球，它的路基和机车车辆被搁在了脑后。这条铁路年复一年地被“剥皮”分红，而推行的一种过度扩张的政策，总有一天要把整个系统逼上破产的绝路，到那时，脆弱的建筑就会像纸牌搭起的房子一样轰然坍塌。

第三十二章 “巨额融资”的顶峰

1903 年，联合钢铁公司没能挣到它的红利，它发行量巨大的普通股跌到了几美元一股，人们开始认为，摩根压根就没有什么魔法。退出江湖、闭门不出的亿万富翁卡内基袖手作壁上观，笑而不语；摩根的死对头哈里曼幸灾乐祸地看着竞争对手江河日下；标准石油的巨头们（他们一直嫉妒摩根的权力）没怎么吱声，只是注视着、等待着。但是，就在心浮气躁的公众哭喊着大难临头的同时，摩根依然是一头“公牛”。他知道，低潮是暂时的，潮汐很快就要变了。他力劝他的客户购买钢铁股票及其他绩优工业股票。1904 年，最高法院作出裁决，下令解散北方证券公司，这导致摩根大厦的框架哆哆嗦嗦，但也仅仅是哆嗦一下而已。潮流变了，大企业继续欢快地前行，直到 1907 年那场暴风雨的降临。钢铁股票持续上涨，超过了它们最初的数字，摩根财团恢复了声望，增强了财力。

在这些年里，摩根组建了一个大型海运联合企业，称作“国际商船公司”，它兼并了白星航运、红星航运、莱兰航运及其他许多跨大西洋航运公司。组建这个联合体的想法，是为了消除当时跨大西洋货运和客运价格中存在的“卡脖子竞争”。纽约与英国之间的主要航班包括丘纳德航线、白星航线和美国航线，在这之前的几年时间里，这些航运公司因为残酷的竞争环境而饱受磨难，正像铁路干线在摩根的“企业联合”与“产业共同体”的想法被广泛引入之前的那 10 多年里所经历的磨难一样。人们觉得，在海运行业中引进同样的合并方法应该可以产生同样有益的结果。

但组建国际商船公司的做法被证明为摩根的一个商业失误，至少在第一次世界大战中对航运的空前需求带来巨大利润之前是这样。一个致命的事实显然被轻视或被忽略了，这就是：公海上的航运者不可能用铁路联合那样的方式结合在一起从而形成垄断。进入海洋对所有航海者来说都是自由的，而铁路的通行权就其本性而言是排他的，而且，随着其覆盖领土上人口密度与财富的增长，它就会越来越有价值。对一位直接竞争者来说，要在纽约与匹兹堡之间修建一条与宾夕法尼亚铁路平行的铁路实际上是不可能的；但对一个实力雄厚的资本机构来说，要在纽约与利物浦之间建立一条全新的航线却是再简单不过的事情。

这还只是被这个航运联合体的发起人所忽视的众多事实之一。英国和德国所控制的竞争性航线全都是巨额政府津贴的受益者，相反，摩根这个新组建的企业联合体——在美国人的控制之下，由美国资本融资——却不能享受这些津贴。而且，这家新的联合体刚刚开始与丘纳德航线和德国航线展开竞争，英、德两国政府便施以援手，提供了进一步的补助和津贴。丘纳德航线甚至能够与英国政府达成一项协议，根据协议，后者以2.5%的利息预付一笔钱，用于建造容量巨大的班轮，例如，“路西塔尼亚”号和“毛里塔尼亚”号。

摩根公司一次更成功的融资是国际收割机公司的融资。这是收割机产业的一个巨大联合体，包括美国的一些大工厂以及欧洲的一些大厂。它的资本总额很大，显然稳定了这条产业线的商业环境，并且从一开始就因生意兴隆而引人注目。这家新联合体的组建，尤其要归功于摩根年轻的合伙人乔治·W. 帕金斯。

在一个相当长的时期，摩根公司一直与通用电气公司有着密切关系，通用公司是一家大型制造企业，正在发展成为一个世界性的企业。但通用电气公司如今已不再是一家纯粹的制造企业。在庞大的资本和很高的信用支撑下，通用电气正稳步进入开发公共事业自营公司的领域。老牌的北美公司是多年前作为俄勒冈与跨大陆公司而发起的，是亨利·维拉德财团的控股公司，维拉德财团与北太平洋铁路及俄勒冈州的某些铁路有关联，如今它被改组成了一个公共事业控股公司，并且逐步控制了（或持有其大笔股份）圣路易市的街轨公司和照明公司、密尔沃基的一些公共事业公司，以及底特律的爱迪生公司。

但这一时期最惊人的发展或许是铁路控制权的进一步统一。在最高

法雷尔、帕金斯与施瓦布

法院1904年解散北方证券公司的裁决被宣布之后,这家控股公司所取得的大北方铁路和北太平洋铁路的股票都还给了它们的持有人。联合太平洋铁路接收了大北方铁路和北太平洋铁路一笔数额巨大的股票,放进了它的金库里。在这一时期,这些股票有着巨大的市场价值。这两家铁路公司都显示有巨大的收入,并且慷慨地派发红利,此外还以这样或那样的方式"瓜分"剩余的利润。股市暴涨,这些股票的行情猛涨到了前所未闻的高度。1906年,大北方铁路的股票卖到了340美元一股,北太平洋铁路的股票大约是230美元一股。联合太平洋公司突然发现自己阔了起来,远远超出了贪婪的梦想。它的金库里塞满了颇有价值的证券。当时——就在这次解散北方证券之后——哈里曼和希尔财团就政策与领地划分的问题达成了一项明确的安排,由"产业共同体"的观念得出了它的逻辑结论——联合太平洋铁路已经没有必要继续保持对这些大量股票的控制权。于是,哈里曼决定抛售它们。这些抛售(持续了相当长的一段时期)让大量现金流进了联合太平洋公司的金库,导致它的总利润达到了5 000万美元以上。

就这样,联合太平洋铁路成了一个名副其实的现金仓库,实际上也是一家拥有巨大资源的银行。但哈里曼无意让这家铁路公司成为一家银行,他有更野心勃勃的计划。最高法院的裁决,在阻止竞争铁路线合并的同时,却对相连铁路线只字未提。于是,联合太平洋铁路的现金便立即被用在了增加联合太平洋铁路对相连铁路系统的持股上。控制从大西洋到太平洋之间的铁路一直是哈里曼的野心,如今他开始大量购进巴尔的摩—俄亥俄铁路的股票,此外还不断增加联合太平洋已经持有的伊利诺伊中央铁路的股票。到1906年初，巴尔的摩—俄亥俄铁路实际上成了联合太平洋铁路东边的一条手臂。而且，由于巴尔的摩—俄亥俄铁路公司已经拥有了里丁铁路公司（控制着煤田）的主要股份，而里丁公司又控制着新泽西州的中央铁路公司（控制着进入纽约城区的入口），因此，联合太平洋铁路如今成了一个从大西洋一直延伸到太平洋的铁路系统。

杰伊·古尔德（1836～1892）

简言之，对所有美国铁路公司来说，总的趋势是：在政策和利益上，它们越来越紧密地结合在一起。圣保罗铁路在这些年里开始发展它的西部延伸线，洛克菲勒财团（他们与哈里曼的铁路金融家们建立了非常密切的同盟关系）完成了对圣保罗铁路的控制。杰伊·古尔德的资产被连成了一个和谐的整体，杰伊·古尔德的横跨大陆铁路线计划已经启动，也是从大西洋一直延伸到太平洋。在洛克菲勒的帮助下，西马里兰铁路系统被古尔德集团收归旗下，它看上去好像是一个很快就要建成的庞大系统，与哈里曼的铁路线并排而行，但它们都被置于严密的控制之下，维持着和谐的关系。

希尔与摩根的铁路资产当然也显示出了同样的趋势：更加和谐，更加集中。希尔的铁路线辐射整个西北地区，但与哈里曼和洛克菲勒的铁路线协同运作、配合默契。大西洋海岸线，连同路易斯维尔—纳什维尔铁路系统，由亨利·沃尔特斯管理，由摩根财团实际控制，与南方铁路系统和伊利诺伊铁路协同运作。摩根很留意让他的伊利铁路系统与范德比尔特的大铁路线维持有利而和谐的关系，而宾夕法尼亚铁路系统在大师亚历山大·J. 卡萨特的领导下，与所有其他大的铁路利益集团都配合默契，关系融洽。

铁路公司之间的联营关系，在 1907 年的金融恐慌之前达到了最高点。到 1906 年底，我们发现，铁路股票大约 120 亿美元的资本总额当中，超过 1/3 的股票是被铁路公司本身所持有。在竞争或平行系统中，持有足够数量的少数股，就可以创造一个坚实的（即使不是支配性的）股权；但在非竞争线路，或者说连接线路，多数控制权常常得以实现。后者就是新英格兰的情形，在那里，纽约—纽黑文—哈特福德铁路系统，在摩根的影响下，控制了几乎所有的交通设施，包括很多沿海的航运线。

当然，如果华尔街的"资本大亨"们在这一时期尚没有紧密联合起来的话，大法人集团这种非同寻常的结合是不可能实现的。利益集团之间的竞争（这是几年前重组时期的典型特征）在很大程度上消失了。尽管两个大的金融集团（一方以摩根及其盟友为代表，另一方以标准石油的势力为代表）依然泾渭分明，但他们如今实际上在彼此共有的"利益共同体"的基础上协调行动，密切合作。因此，资本和信用的控制权（通过银行资源）倾向于集中在越来越少的人手里。

自钢铁托拉斯合并的那段日子以来，信用控制机构变得越来越有效率。两大银行集团（实际上已结成同盟但各自依然独立）已经把它们的触角伸向全国各地。花旗银行——如今的掌门人是弗兰克·A. 范德里普（Frank A. Vanderlip），詹姆斯·斯蒂尔曼实际上退休了——在力量上得到了极大的增长，而且速度非同寻常。它与全国各大城市的大机构都建立了联系，控制了几家大的信托公司。在这一时期，摩根的银行和信托公司的发展也毫不逊色。

就在同一时期，一场争夺人寿保险资产的角逐开始了。早些年，人寿保险业在美国金融界只占有一个普普通通的位置。坚实的老牌公司一年年稳步发展，以一种沉静、保守的方式不断提高它们的声望、增加它们的资产。就银行关系与一般融资而言，它们一般被看作毫不相干的东西。老牌的"公平人寿保险协会"尽管就在华尔街附近，但明显没有受到华尔街的影响，就好像它位于哈特福德或费城一样。共同人寿保险公司与纽约人寿保险公司实际上也是如此。这些大型的、正在成长的公司，还有数不清的小公司也同样，它们的投资自从很久以前起就一直被局限于政府及市政债券和最高等级的铁路债券。每年都看到这些公司的盈余在增长，但不用说，它们巨大的现金资源自然也被看作是普通金融目的所不能染指的。虽说管制寿险基金投资的法律远比管制储蓄银行基金投资的法律要宽松得多，但华尔街并不认为前者比后者更具流动性，或者更容易利用。迟至 1889 年，人们似乎依然很少去关注在融资计划中利用这些大保险公司巨额流动资产的可能性。

纽约人寿保险公司大楼

但在 19 世纪 90 年代早期，信托公司运动轰轰烈烈地开始了。这些信托公司是根据非常宽松的银行法规组建起来的，因此，不仅能与普通的州银行和国家银行展开竞争，直接从事接收存款、贴现票据、抵押贷款等银行业务，而且还被充分赋予了从事许多其他挣钱业务的权利。例如，它们完全可以放开手脚去“承包”融资计划，从推广宣传那些多少带有投机性质的事业（或为之融资）中大捞好处。这样的承销或推广常常产生惊人的利润，人们很快就认识到，一家现代信托公司的股票很可能比银行股票的分红更多，因为银行一直是在严格的限制性法规的监管之下运作的。

当调整与重组时期大约在 1893 年开始的时候，这些盈利的潜力开始得到更充分的证明。直到这一时期，信托公司一直担当财政代理和金融代理的特殊角色：支付息票、派发红利，以及代理法人股权和个人股权履行一般托管工作。但此时它们开始成为债券持有者受托人的总部，重组受托人的代理处，以及诸如此类的角色。很快，它们便得寸进尺，抛弃了纯粹托管人的角色，开始成为企业直接的重组者和融资者。利润源源不断地流入，信托公司的股票开始飙升，信托公司的分红远远高于历史悠久的银行。投资华尔街一家大信托公司，利润远远高于投资一家一流的老式银行。于是，信托公司开始像雨后春笋一般被迅速组建起来。

但组建拥有巨大资源和充实储备的信托公司需要大量的资金。它们是新鲜事物，那种很愿意把资金投给国家银行或州银行的投资人，在着手从事这项新事业之前往往总是踌躇不前。但资金总必须投到某个地方，于是，那些与这场运动关系密切或被它的潜力所吸引的头脑精明的人开始搜寻某种未被触及过的资源。有人试图让标准石油的钱进入这一领域，也取得了一定的成功，但很有限。信托公司的业务一时看上去好像与任何抱有挣钱想法的业务并无不同，采用的都是常规的套路，只有时间的推移证明了它的稳定性，它才有希望在美国的金融事务中取得一个永久性的位置。

突然之间，一个新的、意想不到的资本来源敞开了。纽约一些大的人寿保险公司的人（不是总裁就是经理）中有很多纯粹金融类型的人，很多人或多或少与华尔街利益集团和企业有牵连。这些人手里握有持续上涨的保险资产，不断地在为他们公司的剩余资金寻找投资渠道，而且他们通常不喜欢为自己挣取私人财富。尽管人寿保险的法规在某种程度上限制他们动用保险客户的钱，他们因此不能像私人银行家那样以任何真正自由和投机的方式动用这些钱，但对于一家人寿保险公司来说，要是把资金投入到受银行法规监管的公司运作中，就完全合法了。因此没有什么东西能阻止共同寿险公司和公平寿险公司持有信托公司的股票。因为在那个时代，一家银行或信托公司的股价主要取决于其经营管理的品格，或者其董事会的人员构成。因此，人们很快就发现，一家信托公司，如果与一家强大的保险公司公开建立起密切的联系，那么它肯定会成功。

人寿保险的钱就这样开始进入信托公司，人寿保险公司的高管和董事们开始在信托公司占据董事的显著位置。而且，这些新董事开始富有起来，很多人是在最初根本没有什么资本的情况下富有起来的。在组建一家新的信托公司或通过新股发行扩大一家老公司的时候，他们不仅会让他们的保险公司认购多数股，而且他们自己还会以同样的条件认购少数股，然后把他们自己的股票作为抵押，从他们自己的保险公司获得一笔贷款。对他们来说，并非在所有情况下都必须以现金做抵押来贷款，因为几乎总是有股票会以比市场价低很多的价格卖给他们，就像卖给保险公司一样。

那年头，没有任何限制性的法规禁止公司高管以担保品做抵押从自己的公司里借钱，一家保险公司的总裁或董事完全可以放开手脚动用自己公司的资金，只要他提供必要抵押品的担保。而且，因为他自己就是审查抵押品的权威，所以不难看出，他的发财之路是一条非常容易走的路。

大约在 19 世纪 90 年代至 20 世纪初的这段时期里，人寿保险公司的资金源源不断地流进了信托公司的金库，流量迅速增长。而且随着时间的推移，这一运动进入了新的阶段，有着巨额现金资产的人寿保险公司，在银行存款及一般银行业务上自然偏爱它自己的信托公司。当信托公司也开始大规模地进入投资业务并像私人投资银行家一样自由地经营股票和债券的时候，用不了多久，人寿保险资金的所有投资都会通过它的子信托公司去做。很自然，在许多情况下，信托公司董事和大的个人股东(他们也是作为母公司的人寿保险公司的董事或高管)的主要愿望就是为信托公司挣取更大的利润。所以，在很多情况下，人寿保险公司在价格方面受到了它们自己的董事或托管人的歧视。

但歧视并没有就此止步。正如我们已经看到的，信托公司很早就成了一些大计划的发起者、金融包销者和控制者。这种工作涉及动用大笔的资金。其趋势是让越来越多的人寿保险公司的资金流入信托公司的金库，这样一来，后者就会有大量的资金可用。对于信托公司来说，其中有“大钱”可赚，人寿保险公司的巨额存款通常让它们自己的董事挣到了前所未闻的利润，而保险公司却只得到正常的利率。

尽管信托公司及关联董事们正通过动用保险基金而大发横财，但保险公司也在继续繁荣兴旺。在这一时期，实际上整个国家都繁荣兴旺，纽约城尤其变得越来越富有，越来越多的人不仅购买了保险，而且还进入了人寿保险业务。大的保险公司不断做出非凡的努力，以增加保险客户的名单，增长盈余。很自然，所有对信托公司和华尔街一般业务感兴趣的人寿保险公司的董事会，都想看到他们公司的资金源源不断地流动，为了得到

摩根公司在华尔街的办公大楼

新的业务,他们创立了最有效率、影响深远的机构。

到1900年,纽约市一些大的人寿保险公司的资产开始在华尔街的资本运作中显得突出。在我们所关注的这场运动刚开始时,卷入其中的多是一些不怎么显眼的人物,但没过多久,华尔街一些更大的银行势力开始认识到控制人寿保险资产所蕴含的潜力。1890年之前,纽约的"三大"公司——共同人寿、公平人寿和纽约人寿——与银行业的关系并不怎么明显。但大约就在这个时候,摩根财团开始与纽约人寿保险公司建立起更紧密的联系,早在很久之前,纽约人寿的总裁约翰·A. 麦考尔(John A. McCall)就被认为是摩根的人。公平人寿保险公司有各方面的银行关系,他的总裁亨利·B. 海德(Henry B. Hyde)跟华尔街的事务挨得很近。它早就成了商人信托公司的控制性因素,在重组时期之前,商人信托公司主要是作为一家保守的、"历史悠久"的信托公司而著称,几乎排外地满足于最初的业务:履行托管人和代理人的工作,其银行和存款业务仅仅是附带发生的。共同人寿保险公司[理查德·A. 麦柯迪(Richard A. McCurdy)是它的总裁]稳定而扎实地增长着,但直到19世纪90年代初期,它的名字才开始与信托公司或华尔街的业务紧密地联系在了一起。然而，大约就在这一时期，一家被称作“纽约担保与保险公司”的小信托公司被置于共同人寿保险公司的控制之下。它的名称被改为“纽约担保信托公司”，共同人寿保险公司的某些董事在董事会里的地位变得很突出。它的资本得到扩大，有了这层关系，它的信用便得以改良，业务飞速增长。美国抵押与信托公司的控制权也被共同人寿得到，业务也突然暴涨。

随着时间的推移，很多名不见经传的信托公司都与保险公司建立了密切的联系，最后，华尔街有影响力的银行家和金融家开始充斥保险公司和信托公司的董事会。接下来，就是大融资时期，也是整合与兼并的10年，紧接着是华尔街疯狂投机活动和庞大创业计划的那几年。所有大银行家很快都出现在人寿保险公司的金融委员会里，像J. P. 摩根、爱德华·H. 哈里曼以及洛克菲勒的代表——实际上包括华尔街所有的巨头和大亨。

人寿保险的资产如今成了高级金融中的重要因素，以及一般产业控制和资本运作的重要部分。当银行业的力量与不同的集团紧密结合起来的时候，也就意味着它不仅控制了国家银行与信托公司，而且还控制了拥有巨额资产和不断增长的资源的人寿保险公司。不仅“三大”寿险公司卷入了这一稳步增长的力量当中，而且其他的大公司，例如，大都会人寿保险公司、纽华克的信诚人寿保险公司，以及一些更偏远城市里的几家人寿保险公司，都成了华尔街一些互相竞争的大集团的重要资产。

在1898～1904年这段值得关注的时期，工商企业越来越剧烈地资本化，巨大的个人财富不断积累，金融控制权的集中迅速达到高潮，保险公司的资产被越来越鲁莽地操作。起初，人们在使用这些巨额资金的时候还表现得相当谨慎，但到这一时期快要结束的时候，它们被更自由地用在投机性的、不稳定的企业中。在不断资本化、不断创立新企业的紧张压力下，资金和信用都出现了严重的不足。在华尔街，有价证券“没有消化”和“难以消化”的时期正在来临。私人银行家们对承销财团的巨额摊派并不那么热心，巨额债券和股票的发行再也不像从前那么顺利。然而，所有大的发起人，哈里曼集团、摩根集团以及它们的同盟者，都需要现金和信用来推行其庞大计划。因此，很自然，几乎没有什么约束的保险资产越来越多地被使用。不仅实力雄厚的保险公司被它们自己的理事银行家们“摊派”了数量大得吓人的包销股票和有价证券，而且它们的子信托公司及其他金融附属企业也同样被装得满满的。这种方法变得如此自由和容易使用，以至于一家参与实施某项庞大运作的大银行集团，仅仅只要把指定数量的债券或其他有价证券“摊派”给某家保险公司，然后指示其总裁或董事照单全收，也不管他们愿不愿意。

很自然，这种大手大脚地动用原本属于数十万保险客户的数亿美元的方法，滋生了保险机构中那些心胸狭小之辈的奢侈和腐败。尤其是在大公司里，奢侈、浪费和低效与日俱增。每年有数百万美元花费在高管办公室的精美家具上；各种各样毫无用处的职位被创造出来，为的是安排门客侍从以及庸碌无能的高管和职员；钱被浪费在高楼大厦上，浪费在徒劳无益的广告上，浪费在其他的方方面面。五花八门的贪污受贿开始悄悄地蔓延。

1903 年，华尔街证券市场发生了一场不大不小的恐慌。在产业界，业务显著下降；在此前几年的投机时期由剧烈资本化所创立的许多铁路公司都举步维艰；现金匮乏，而且利率又高。罗斯福总统曾抨击北方证券的合并，政府提起了解散这家公司的诉讼。在这些黑暗的日子里，大钢铁托拉斯也江河日下，其股票和债券急剧下跌到了很低的水平。这就是“证券卖不出去”的时期，悲观主义到处盛行。

由于很多公司资金不足、信用很低，金融界普遍流行着动荡感和不安全感。有些外部利益集团开始研究大公司的稳定性；有些银行和信托公司相继破产。保险公司(它们有责任提交年报和证券清单)持有证券开始得到严格的审查。人们认识到，这些大公司里装满了很多财团包销账户和大幅贬值的巨额投资。批评很快就变得猛烈，针对公司和官员的五花八门的诉讼被提起。但没有发生什么大的变化，直到第二年，人们才做出积极的努力，对这些公司的事务和方法进行彻底调查。

始于 1905 年的一次轰动一时的保险业调查持续了几个月。在查尔斯·E. 休斯(Charles E. Hughes)的指导下，调查向公众揭露了此前 10 年里人寿保险融资的整个内幕历史：所有的巨额融资、不计后果的资金运作、浪费、奢侈和贪污腐败。这次调查的结果是：制定了一些新的、更加直接的法规，旨在保护保险客户的资产和保险资金的正当投资。

就这样，丰富而不受限制的现金资源被一举从投机者和企业发起人的手里切掉了。多年来被一小撮强有力的人物随意摆布、招之即来的数亿美元也不再可用。

针对保险公司的调查及其结果毋庸置疑是 1907 年的金融恐慌到来时

帮助挽回局势的因素之一。要不是操纵保险资金的那些不计后果的融资方法在几年前就得到了控制的话，1907 年的崩溃所造成的损失恐怕要大得多。保险公司的金库里依然塞满了大量卖不出去的有价证券，但它们已经不再买进，在严格的法律约束之下，它们最终清算了大多数危险的资产，而没有造成实质性的损失。

第三十三章　1907 年金融恐慌及其后

不要以为银行权力的集中和公司活动的控制没有伴随不幸的后果。毫无疑问,大型铁路系统根据“利益共同体”计划所进行的合并,导致了货运价格的极大稳定,提高了运转效率,使得管理层能够发展大量新的业务、实现极大增长的利润,培养了华尔街上势不可挡的乐观情绪。这些年的大丰收,外国移民的汹涌浪潮,以及一般商业的繁荣,这一切全都助长了华尔街的这种乐观主义感觉。然而,物质的进步和繁荣也不可避免地助长了投机。而投机一旦开始,就会因为它赖以为食的东西而变本加厉。

1904 年最后的几个月里,股票市场上一场大规模的投机活动开始了,几乎不间断地持续了 1905 年整整一年,并以很好的势头进入 1906 年。铁路股票的价格飙升到了前所未闻的高度:大北方铁路的股票价格涨到了 300 以上;北太平洋铁路的股票价格是 200 以上;圣保罗铁路的股票价格将近 200;艾奇逊、南太平洋、联合太平洋、纽约中央及其他所有铁路的股票价格都向越来越高的水平稳步攀升。工业股票也大发利市,新企业在华尔街数以百计地融资创立。贷款很容易获得,且利率很低。1905 年以后,大多数银行家和投机者已经习惯了高价格和巨额投机利润,以至于几乎任何融资“提议”在华尔街都会被欣然接受。

对于承销财团来说,这是一个新时代,经纪人急切地寻找机会,争着包销任何允诺赚钱的东西,也不管它是不是有价值。很多极其可疑或带有投

20 世纪初的华尔街

机性质的企业，根本没有经过任何真正的审查便通过了。许多私人银行——即使有相当保守的声望——都养成了这样的习惯：愿意参与有问题的包销。而且，这个银行控制的新时代，带来了这样一个肤浅的观念：像 1873 年和 1893 年那样的金融恐慌再也不会发生了。

美国造船公司（被称为“造船业托拉斯”）就是一个生动的例子，说明了投机精神是如何破坏了国家的金融信用。这是一个造船商的联合体，它是基于这样一个理论而发起创立的：共和党控制下的国会很快就会通过一项开明的船舶津贴法，随之而来的将是一次造船业的大复兴。这一期望还支撑了摩根 1902 年组建的国际商船公司。结果并没有出现这样的立法，但“造船业托拉斯”的发起人依然热情不减地继续他们的努力。一个名叫丹尼尔·勒罗伊·德雷瑟（Daniel LeRoy Dresser）的年轻人组建了共和国信托公司，试图包销美国造船公司的股票。8 家公司（其中一两家还算有价值，其余的在很大程度上都是一堆垃圾）被合并为一个联合体，其资本总额很庞大。发行了一笔巨额债券，为的是筹集资金以高价买断一些正在运转的公司。有一家小厂，在一年前要是能卖到 10 万美元的话，厂主恐怕会高兴得合不拢嘴，如今却卖到了 200 万美元以上，其中 1/4 用现金支付。

美国造船公司刚刚组建成功就开始土崩瓦解。承销商把事情搞砸了。接下来，让每个人大吃一惊的是，该公司的总裁刘易斯·尼克松(Lewis Nixon)宣布，公司从查尔斯·M. 施瓦布手里买下了伯利恒钢铁公司。这似乎令人难以置信，因为伯利恒钢铁公司比那些造船厂的全部设备都更有实际价值。每个人都认为施瓦布疯了，因为美国造船公司支付给他的，应该是一堆毫无价值的债券(人们一般是这样理解的)。但施瓦布一点也没疯。他坚持这些债券要有表决权。不久，当整个计划轰然瓦解的时候(共和国信托公司也被拖下了水)，人们发现，施瓦布手里拥有了全部工厂，包括伯利恒钢铁公司。然后，他砍掉了那些毫无价值的资产，把那些资质良好的造船厂收归旗下，作为伯利恒钢铁公司的子公司。

另一个同样不可靠的创立公司的典型发生在银行业。很多较小的金融家都试图仿效摩根和标准石油，组成一个有着无限资本的银行链，以发起他们的投机生意。这些投机银行家中最引人注目的是查尔斯·W. 莫尔斯(Charles W. Morse)，他是一个有着非凡才干的人。他在美国制冰公司以及华尔街对其有价证券的操纵中大发了一笔横财，他还涉足过造船业和航运业。到1905年，他已经在华尔街拥有了一个颇有实力的位置。他控制了华尔街古老而殷实的金融机构之一——北美银行，并开始利用这家银行的信用和资源为他发起的公司融资。当发现自己需要更多的资本时，莫尔斯便利用他已经控制的银行的资源去获得对其他银行的控制。到1906年末，他已经把七八家资质很不错的银行置于自己或密友的控制之下，除此之外，他还对其他一些银行有相当大的影响力。接下来，他开始着手一项雄心勃勃的计划：合并大西洋沿岸所有的近海航线。他为这些航线支付了高得惊人的价格，而为它们估定的资本价值高至天价。就这样，他获得了从缅因州到佛罗里达州的几乎每一样漂浮在海面上的东西，他从摩根那里买下了乔治亚中央铁路公司的所有股票，为的是控制大西洋轮船公司，这是从萨凡纳到纽约的一条航线，与乔治亚中央铁路相连接。

与此同时，华尔街这口大锅在继续沸腾。1906年夏，哈里曼集团的金融家们给熊熊燃烧的大火添了一把柴火，突然间把联合太平洋铁路普通股的分红从6%增加到了10%，使得这只股票几乎一夜之间暴涨了40个点。华尔街的谨慎被抛到了九霄云外，许多最保守的财团也开始追逐那些越来越可疑的有价证券。一场矿业股票狂热爆发了，短短几个月内，全美国都在疯狂购买1 000多家金矿和银矿那些毫无价值的股票，价格高到了可笑的程度，压根就没想到要去调查一下。华尔街的“路边市场”成了矿业股票掮客们的疯人院，就连证券交易所也对很多矿业冒险放下了架子，给它们的股票挂牌。

早在1906年底的很久之前，一些危险的不祥之兆就已经出现，很多善于思考的人开始提出警告。疯狂的投机导致信贷压力持续增长，华尔街的即期贷款在9月份增长到了近年来的最高水平。同月，纽约的银行纷纷报告出现储备赤字，请求美国财政部提供剩余黄金。这笔及时的存款暂时解了燃眉之急，但这一年是在紧张中结束的。然而，华尔街大多数银行家都坚持这样的理论：就基础而言，每件事情都是可靠的，1907年的前景显然充满希望，新年过后一切都会好起来。

人头攒动的路边证券市场

长时期的轻易挣钱、价格飞升、快速致富和成功创业，似乎让华尔街的金融家们（无论高低）都进入了催眠状态。哈里曼肯定没有预见到事情的风云突变，因为他在1906年让联合太平洋公司和北太平洋公司用他们巨大的盈余以最高的价格买进了巨额的铁路股票；摩根财团与希尔财团似乎也没有预见到麻烦，因为他们都在发展自己的铁路资产，在铁路改进上花钱如流水；城市银行与标准石油的大亨们也没有正确地评价未来，因为他们不仅没有采取任何行动来阻止投机热潮，而且居然随波逐流为他们自己的各种各样的计划大肆融资。而那些能量更小、更喜欢投机的人，像查尔斯·W.莫尔斯、查尔斯·M.施瓦布、F.奥古斯塔斯·海因策（F. Augustus Heinze）和尼克波克信托公司的查尔斯·T.巴尼（Charles T. Barney），对未来也都不担心，因为他们正在扩大各方面的商业运作。施瓦布大规模地进军采矿业；海因策正在商业国家银行的帮助下吹起一个被称作“联合铜业公司"的大气球；莫尔斯正在为他的航运泡沫融资；巴尼正在把尼克波克信托公司的资金投入到五花八门的不可靠的冒险中。

在1907年2月之前，情况没有发生什么大的变化，刚刚进入2月，股票市场便开始崩溃，银行开始收回贷款，亡羊补牢。但那个时期真正的不稳定直到几天之后才被人们理解，当时，标准石油公司的副总裁亨利·H.罗杰斯(Henry H. Rogers)发现很难为他的弗吉尼亚铁路搞到一笔2 000万美元的贷款，这条铁路是他当时为了开发弗吉尼亚州西部的一些软煤田而修建的。罗杰斯不得不支付8%以上的等价物、以3 000万美元最高等级的投资股票和债券来获得这笔贷款，还要亲自签署票据，尽管他的信用并不比任何一个美国人低。这笔交易造成了恐慌。如果就连标准石油公司(最大的现金水库)的副总裁为了得到区区2 000万美元的贷款也不得不支付8%以上的等价物，那么事情看来的确有些糟糕。

人们所说的"3月恐慌"或"沉默的恐慌"立即接踵而至。股票每次下降3～10个点，货币利率水涨船高，银行对借款人关上了大门，股票经纪人开始破产。投机者成千上万地垮台，"路边市场"的矿业股票繁荣彻底崩溃，每时每刻都能看到华尔街的银行家们匆匆忙忙地到处奔走，试图设计出能够熬过这场暴风雨的方法和手段。居高不下的货币利率使黄金流向了欧洲，财政部长在纽约的银行里存入了更多的资金，因为作物轮作时期已经结束，资金自然流向纽约，他希望这样可以帮助缓解当前的局势。恐慌暂时中止了。

华尔街依然拒绝相信未来会有什么进一步的麻烦。全国各地的商业继续处在高压之下，铁路的盈利很大，工业依然繁荣，新收获的前景喜人。与此同时，货币利率依然居高不下，似乎有足够的现金流通。就连"资本大亨"们(尽管遵循着更谨慎的政策)似乎也认为最糟糕的时期已经过去。几乎人人都说"华尔街已经把房子打扫干净，我们很快就会迎来比以前更大的繁荣"。所有人似乎都把他们的推论建立在这样一个观念的基础之上：有了工业和商业的继续繁荣，华尔街上任何未来的麻烦都是不可想象的。

然而，1907年7月1日之后，情况有了新的发展，这些发展在高层人士中引起了不安。美国钢铁公司报告了令人担忧的空闲吨位的下降，铁路盈利突然开始减少，接下来是货币市场吃紧，人们普遍担心：迅速逼近的作物轮作时期会创造巨大的货币短缺。不久，查尔斯·W.莫尔斯航运联合体垮台。接下来，出乎意料的是，纽约市没能在华尔街卖掉大笔的债券。总

大恐慌

而言之，对于“资本大亨”们和他们成千上万的伙计来说，8 月是令人忧心忡忡的一个月。

9 月，人们看到大企业的头头脑脑们经常聚在一起碰头开会，这些大权在握的人至少认识到了情况的严重性。报纸不得不说些打气的话，华尔街的访谈一如既往地乐观。很明显，人们都在做出积极的努力，以度过这场危机，但一切都无济于事。10 月，海因策破产，首先被拖下水的是商业国家银行，然后是整个海因策—莫尔斯银行链。接下来，尼克波克信托公司发生了挤兑，总裁自杀身亡，公司关门大吉。一连串的灾难接踵而至：北美国家银行破产，美国信托公司、林肯信托公司以及另外数家机构相继出现了挤兑。所有这些灾难，都把其他城市的银行卷入其中，摧毁了私人公司和银行家。股票市场中伴随而来的恐慌完成了这场大破坏。浩劫开始了。

一小撮有势力的金融家——主要是这些人把银行权力、法人控制权、利益共同体以及连锁关系集中起来，构建了一个庞大的系统，所有这一切，在这场可怕的崩溃中最终达到了顶点——如今，被迫利用自己的力量来挽救金融美国。尼克波克信托公司崩溃后的那天早晨，当美国信托公司的挤兑让整个华尔街挤满了躁动不安的存款人的时候，一个人走进了 J. P. 摩根公司的办公室，推开警卫，进了摩根的私人房间。摩根冲他点点头，说：

"早上好,弗里克先生。"两个人平静地交谈了大约10分钟。弗里克走了。爱德华·H.哈里曼走了进来。跟在他身后的是另外几位"大亨",一个接一个,或者是成双结对。最后进来的是花旗银行总裁和标准石油集团的代言人詹姆斯·斯蒂尔曼。

那一天,财政部长拨给了银行数百万美元,机构和个人投资者提供了政府债券供临时使用,仅约翰·D.洛克菲勒就借出了价值1 000万美元的债券。然后,摩根与斯蒂尔曼达成了协议:购买数量巨大的汇票,迫使黄金从欧洲运来。这些措施使局势得到了必要的缓和。

然而,一个最严重的危险依然存在。这就是穆尔—施莱经纪公司的状况,这家公司卷入了"田纳西煤、铁与铁路公司"股票投机巨大的无底洞中。穆尔—施莱经纪公司抵押了600多万田纳西煤铁公司的股票在华尔街的银行中贷款。银行催还这笔贷款,但穆尔—施莱经纪公司却还不了,摩根与其他人当然也知道这一点。如果穆尔—施莱经纪公司破产了,100多宗破产就会接踵而至,华尔街就有可能彻底崩溃。惟 要做的事情,就是挽救穆尔—施莱经纪公司。

田纳西煤、铁与铁路公司是美国钢铁公司的主要竞争者之一,它拥有一些非常有价值的铁矿和煤矿。摩根的计划是(弗里克、哈里曼及其他人都同意这项计划):从穆尔—施莱经纪公司那里买下田纳西公司的股票。这样一来,恐慌就可以中止,而且对于一家大公司来说这也是一笔很划算的大买卖。加里被召来商讨此事。惟一的障碍是联邦政府。这样一宗收购案不知是否会被解释为违反《谢尔曼法案》?一个由加里、帕金斯等人组成的代表团被派往华盛顿,把问题摆到罗斯福总统的面前。总统答应给予他们豁免权,收购立即完成了。美国钢铁公司用自己的债券做抵押支付了3 000万美元购买田纳西公司的股票。这些债券被银行作为抵押品接受了,而当初田纳西的股票却被拒绝。穆尔—施莱经纪公司终于得救。这个消息一宣布便立即产生了效果,从那一刻起,事态开始好转。

在新年到来之前,华尔街重新恢复了常态。有价证券的价格有了相当大的回升,融资变得更容易,担心和恐慌消失了。人们满怀信心地期盼未来。当1908年过去的时候,有一点变得很明显,这就是:这次恐慌是"巨额融资"的顶峰。大的银行集团依然完好无损,当然,他们的影响和力量似乎像以前一样深远,但投机和发起组建公司的魔力已经在很大程度上消失了。恐慌所带来的冲击让保守主义成了幸存者,当然,有大批的投机者破产。

然而哈里曼与摩根之间依然存在竞争。1908年秋，哈里曼让共同人寿保险公司把担保信托公司一半的可行使控制权连同它1亿美元的资产卖给自己。第二年年初，哈里曼得到了公平人寿保险协会一半控制股份的期权。哈里曼明显打算组成一股比花旗银行或摩根财团还要强大的银行势力，作为他正在逐渐展开的一个庞大计划的组成部分。联合太平洋铁路是美洲大陆最大的铁路系统，因为那一时期它控制了通向大西洋海岸的两条铁路线，这家公司的控制权尚满足不了此人的野心。他正在为构建一个世界铁路帝国而殚精竭虑。在恐慌那一年之前，哈里曼就已经让自己对巴尔的摩—俄亥俄铁路的控制实际上变得更牢靠了。在金融恐慌的黑暗岁月里，他从查尔斯·W.莫尔斯的手里收购了乔治亚中央铁路的股票，让这条铁路成为伊利诺伊中央铁路的子公司。如今，他正在计划一条亚洲铁路，与俄国的西伯利亚铁路连接起来，最后通向欧洲的大都市。他已经获得了南满铁路的期权，正努力使日本政府对他进一步的计划给予合作和支持。

要是哈里曼还活着的话，谁也不知道整个铁路史在接下来的两年时间里可能会发生什么。但他正在玩的是一场非常艰难的游戏，紧张的工作开

信孚银行大楼

始让他疲累不堪。1909年夏天，他患上了重病，初秋的时候便撒手西归。哈里曼的死几乎直接给纽约银行业的形势带来了一场变化。不出三个月的时间，摩根与他的合伙人就买下了哈里曼在担保信托公司的股票，加上这家公司所持有的共同人寿保险公司的股份。稍后，摩根又从托马斯·F.赖安(Thomas F. Ryan)手里获得了公平人寿保险公司的控制权，这家公司是在1905年落入赖安之手的。因此，我们发现，摩根实际上控制了纽约的"三大"人寿保险公司，因为他已经主宰纽约人寿保险公司很多年。然后，他把莫顿信托公司和第五大道信托公司并入了担保信托公司，这一联合使他和他的合伙人在纽约的信托公司当中有了一个支配性的地位，因为他已经控制了强大的、正在成长的信孚银行，这家公司是在几年前组建的。这些行动还使他更紧密地掌控了国家商业银行的事务。

然而，摩根银行势力的这一发展，也刺激了摩根财团与标准石油财团之间的竞争意识，因为此时已经到了银行业竞争蔚然成风的时期。可以说，实际上没过多久，两家竞争的银行集团都已不复存在，而一家庞大而和谐的银行机构则取而代之。

如今，哈里曼死了，亨利·H.罗杰斯死了，宾夕法尼亚铁路公司总裁亚历山大·J.卡萨特也死了，詹姆斯·斯蒂尔曼已经退出商业的江湖。花旗银行年轻的总裁弗兰克·A.范德里普(Frank A. Vanderlip)日益成为洛克菲勒财团的代言人。乔治·W.帕金斯依然是摩根集团的积极分子，但很有个性的亨利·P.戴维森(Henry P. Davison)开始主宰摩根公司。尽管摩根本人依然在掌舵，直到1913年去世，但他明显越来越老，并且把越来越多的责任交给他年轻的合伙人。

华尔街的这些新人可不是老时代的产物，那年头，经验是通过构建并组装庞大的现代工业和金融机器的零部件而获得的。新人们并不是为了掌握摩根、弗里克、哈里曼和洛克菲勒们所经历过的那些东西而在艰苦奋斗的学校里接受教育的。他们到达华尔街的时候便发现，这架金融机器已经在运转，他们的工作就是要完善它，不断地给它加油。因此，随着年轻一代新学派金融家的到来，一个不怎么壮观的季节在华尔街开始了。金钱势力增强了，交互法人关系得以维持。但在精心设计或发展这一体系的过程中，也采取了几项更进一步的措施。

早在1907年金融恐慌发生很久之前，一些政治的隆隆声就已经传到了华尔街的耳朵里。在罗斯福总统的第一个任期里，《谢尔曼法案》就曾被用来对付北方证券公司，这个合并精神所产生的庞然大物，被法院的一纸裁决给解散了。不久之后，州际贸易委员会被赋予了监管铁路运作的新权力，这个委员会第一次被充分授予了管制货运价格的权力。查尔斯·E.休斯所主持的纽约保险业调查，连同它揭露出的惊人内幕，都让人们看到了这样一个事实：公众对“巨额融资”的方法越来越厌恶。

金融恐慌以及随之而来的灾难，对于促使华盛顿政府采取反托拉斯行动，也是功不可没的。西奥多·罗斯福(Theodore Roosevelt)总统于1909年离开白宫之前，就针对很多工业托拉斯(包括标准石油托拉斯和烟草托拉斯)提起过诉讼。后来，又对钢铁托拉斯、收割机托拉斯和其他许多大托拉斯提起了诉讼。当威廉·霍华德·塔夫脱(William Howard Taft)在1909年成为总统的时候，很多在此前10年里组建起来的大联合体实际上都被起诉了。1911年，最高法院裁定，解散标准石油托拉斯、烟草托拉斯以及许多较小的托拉斯。这些裁决给法人的性质带来了激进的改变。最初的子公司被迫在有名无实的竞争条件下接管资产。然而，这样的解散最后被证明纯粹是形式的改变，因为其所涉及的不同的公司实际上是由相同的人拥有、控制和管理，真正的竞争，就算有也很少。

随后，一场针对铁路的运动以同样的方式开始了。联合太平洋铁路被

西奥多·罗斯福总统是一员反托拉斯骁将

迫吐出了它所持有的南太平洋铁路公司的股份，宾夕法尼亚铁路转让了它对竞争对手巴尔的摩—俄亥俄铁路的控制权。管制货运价格的新联邦法律，让“利益共同体”的连锁控制计划发挥不了多大的作用，所以不同的铁路开始在很大程度上以其他的资产清算它们的股份。不出几年，把大干线和大系统紧密联系在一起的纽带不断地变得越来越松弛。最后，联邦法令禁止了连锁董事制，不仅在互相竞争的铁路系统中，而且还在银行与工业公司中，从而完成了“把搅散的鸡蛋恢复原状”的过程。在第一次世界大战爆发之前，在1901～1906年那些疯狂而富有戏剧性的年头，人们所理解的“巨额融资”的冗长篇章实际上已经结束了。

第三十四章　华尔街与第一次世界大战

战争是一位了不起的揭露者,它证明了(就算别的什么事情也没做)一个国家的实力和弱点(无论是物质上的还是精神上的)。这场大战的头两年揭示了美国在金融业和工业方面的强大,而最后两年则有幸展示了这个国家除了金钱、军需和食品之外在其他事情上也很强大。然而有一点变得很明显:即使是在美国保持中立的那段时期,美国农业和工业的支持对于盟国的事业来说实际上是不可或缺的。美国拥有最大的铜、钢和棉花的供应,没有这些,协约国军队的英勇奋斗就会泡汤。华尔街成了国际货币市场(至少是暂时性的);全世界 1/3 以上的黄金很快都流向了纽约;美国自独立革命以来就一直是债务国,如今突然发现,欧洲欠自己的钱远比自己曾经欠欧洲的钱要多得多。一个更重要的事实是:1916 年,美国的钢产量是4 300万吨,而英国(在钢铁工业上它通常仅次于美国)的产量是 900 万吨,这不仅显示了美国工业在战争压力下扩张到了怎样的程度,而且还揭示了它在欧洲战场上所起的作用。因此,早在美国军队给弗迪南·福煦(Ferdinand Foch)元帅带来转败为胜的人员优势之前,美国的矿山、钢厂、农场,以及美国的钱,就已经成为这场战争的有利因素。

华尔街慢慢才意识到它作为一个历史创造者的新位置。对于欧洲的这场噩梦,它的第一反应就是困惑和恐慌。就这一点而言,它只不过是欧洲证券交易所的精神状态的反射,多年来,华尔街一直是它们的附庸。当欧洲所有证券交易所全都关门大吉的时候,当电报收报机收到报告说英国的银行发生挤兑的时候,就连最沉得住气的美国商人恐怕也很难保持镇静。华尔街从未面对过像1914年8月3日早晨开始出现的这样一场危机。在它100多年的历史中,这个伟大的市场只有一次暂停交易,接下来,也只曾在1873年的金融恐慌中停业过几天。但在1914年8月,它所面对的情况却是前所未有的。德国皇帝对俄、法两国的最后通牒使战争变得不可避免,也导致欧洲投资者急急忙忙把他们的有价证券抛向伦敦股票市场,而伦敦股市避免恐慌的惟一办法竟然是关门大吉。由于欧洲和南美所有重要的股市都仿效伦敦的做法,纽约于是就成了世界上惟一能卖股票的地方。在那段时期,欧洲投资者(大部分是英国人)至少持有40亿美元的美国有价证券。人们没有丝毫的疑问,他们会以什么条件卖掉这些证券。现如今有些专家相信当时的美国市场经受得起这样的压力,但在1914年8月很少有人抱有这样乐观的想法。当时流行的观点是:美国所有的有价证券都会遭遇暴跌,以至于人家都去寻求银行贷款,一场历史上最大的金融恐慌和工业恐慌就会造访美国。当1914年7月31日纽约证券交易所闭市的时候,华尔街度过了提心吊胆的24个小时。8月3日星期一早晨,经纪人(其中大多数人都处在高度兴奋的状态)照常聚集在一楼交易厅里。宣布开市的铜锣将在10:00的时候敲响:负责敲锣的雇员已经站在了自己的位置上。当时钟上的指针过了9:45,开始走向那个决定性时刻的时候,绷紧的神经越发紧张起来。那些激动不安的会员全都有大量的股票奉命要卖掉,当他们把这些股票抛向市场的时候究竟会发生什么呢?一想到这个问题,他们不由得哆嗦起来。直到10:00差5分的时候,交易所的一位官员才走进交易厅,宣读了一份官方公告:股市将无限期地关闭。欢呼声意味深长地响了起来,人们终于松了一口气,场面顿时陷入混乱。

这次关闭,表明美国在金融上依然依赖于欧洲。交易所关闭了4个月。1914年11月28日,它羞答答地打开了大门,重新开始以受限制的方式进行交易。从外表上看,华尔街11月份的状况,与8月份比起来似乎并没有什么大的改变。伟大的欧洲交易所依然大门紧闭。就这样,纽约成了欧洲人能够“倾销”手里所持股份的一个市场。欧洲依然持有大量的美国有价证券,人们指望能够把这些证券变现。然而,当美国股市开市的时候,有一件十分不同寻常的事情发生了。正如人们所预料的,欧洲开始大量抛售美国的有价证券,但华尔街的股票并没有跌;相反,它们还涨了。证券交

纽约证券交易所

易所的重新开张，实际上开始了这家机构历史上一次最激动人心的股票“繁荣”。事实上，并没有像很多人毫不客气地预言的那样出现恐慌，华尔街发现，它有了一个空前轻快的牛市。真实的情况是：在闭市的4个月里，美国的金融声望得到了极大的提升。全世界所有的股市中，只有华尔街没有采取通常会伴随恐慌局面的应急手段。所有欧洲国家，包括像英国这样的金融巨人，都宣布延缓偿付，或暂时终止偿还债务的法律义务。大多数南美国家也采取了同样的权宜之计。美国没有宣布延缓偿付。几乎所有的欧洲国家，甚至包括英国，都采取了实际上相当于通货膨胀的流通应急措施。美国并没有采取像它在内战期间曾经尝试过的那种不科学的权宜之计，而是根据新制定的《联邦储备法案》(Federal Reserve Act)，通过提供非常时期通货来满足眼下的需求。但某些甚至更根本的发展显示：这次繁荣并非是空穴来风。当战争爆发的时候,美国的小麦大获丰收,产量达到了历史最高水平。与此同时,另一些小麦产量大国却出现了歉收。达达尼尔海峡的封闭使得俄国小麦不能走向市场。全世界如今都要出价竞争美国的食品供应,这一需求立即表现在美国出口统计数字的惊人增长上。与此同时,协约国也都跑到美国来搜寻各种各样的战争补给。他们找到的枪炮弹药并不多,但他们找到了一些比任何其他国家都要大得多的工厂,这些工厂可以立即转变成军火工厂。各种军需品的战时订单逼得这些工厂一天 24 小时昼夜不停,而衣物及其他不可缺少的战争物资的订单,则给新英格兰这样的大工业地区注入了新的生命。结果是,美国出现了巨大的贸易顺差。欧洲的黄金储备开始源源不断地流入华尔街的保险箱,这一动向一直持续到 1917 年。当时,大约 85 亿美元的存款余额中,将近有 30 亿美元最后存入了美国的保险库里。

在战争初期,英国实际上暂时放弃了她占据了一个世纪的国际银行家的位置。单是一年的时间里,直到 1914 年的巨变来临,伦巴第街就投入了

纽约证券交易所

10余亿美元在新发行的有价证券上，既有国内的也有国外的。伦巴第街曾为美国的铁路建设大量融资，对美国各种企业的融资做出过极大的贡献，是政府和市政债券的大买主，不仅仅是美国的，而且还有南美国家的。美国一年一度的常见现象，即所谓的“作物轮作”，多年来因为英国提供信贷而成为可能。但在1915年初，英国政府禁止所有此类运作，并通知银行家：他们的资源必须专门用于战争目的。哪个市场能得到英国通过政府法令交出的国际银行家的位置呢？如果是在两年前，任何认为华尔街可以充当这个角色的看法都会被认为是荒谬可笑的；然而美国市场轻而易举地调整了自己以适合这个位置。它不仅满足了国内对现款的需求，而且还开始贷出了数百万美元给加拿大、挪威、瑞典和南美各共和国。华尔街买下了巴黎、波尔多和里昂的债券发行权，甚至为国际贸易提供资金。很快它就不得不满足新的需求。

直到1914年，华尔街在给外国政府融资上所起的作用并不大，它在这方面的行动，几乎就是局限于南非战争时贷给英国2亿美元，以及日俄战争时贷给日本5 000万美元。但是，当协约国的战时订单像雪片一样涌向美国市场的时候，英国和法国试图用现金付款，正是这一权宜之计把英国贸易赶到了它在纽约市场上从未达到过的那个点上。立刻变得明显的是：如果美国以这样巨大的规模与协约国做生意的话，必须采用别的方法结算。应该用什么样的方法已经很清楚。英国扩大对外贸易的办法主要是：借钱给消费者，然后消费者用这些钱去购买英国的产品。很明显，美国也应该做同样的事情。对英、法两国政府来说，要想在美国建立用来购买军需品的信用，最简单的方式就是在美国市场上销售它们的债券。销售债券得来的钱，如果是存入美国银行的话，那么就可以提出来用于结算。这种方法尽管在理论上似乎很简单，但它涉及一些在1915年看来好像无法克服的困难。美国投资者对购买政府债券从来都不怎么热心——除非是他们自己国家的。对于这样的投资，美国实际上不存在公众的市场，而这样的市场在英国、法国及其他国家却存在了很长的时间。美国有些神经过敏的政府官员起初相信，这样一种运作会违反中立的原则，相当可观的亲德分子会大声提出抗议。另有一些人则对投资的可靠性心存疑虑：战争是否使全世界面临破产的威胁？而人们普遍担心的是：即使是一个像英国这样强大的国家，也有可能没能力偿还她的债务。然而，在1915年下半年，一个非同凡响的英法代表团抵达纽约，目的就是为了到美国筹借贷款。他们提议的金额是10亿美元，这个数字把华尔街吓了一跳；没有哪个政府借过这样大的一笔外债。依照美国银行家的建议，总数被砍到了5亿美元，这笔款子成功地筹到了。从今往后，英国和法国的所有购买都以这种方式支付。在这笔贷款到期后，两国政府继续向华尔街借钱，通常以美国的有价证券做抵押。

英、法两国不仅用华尔街提供的钱来为他们的供应品付账，而且还通过华尔街帮他们购买。正如前面一章所提到的，摩根财团一直与英国政府和英国公众保持着密切而又秘密的关系。合同猎头与合同掮客纷纷扑向英国陆军部。形形色色不可靠的人(既有美国人也有欧洲人)为了投机的目的而设法搞到承包合同。要想不出大娄子，显然就必须在美国选择某个值得信赖的中介，而且要能够依靠这个中介动员美国的工业，把欧洲的订单交给合适的厂家，并打理所有的细节。因此，这场战争给了华尔街一个全新的角色。此前它一直是专门的金融总部，如今它成了世界上最大的工业集市。除了销售股票债券、为铁路系统融资以及履行一个人银行中心的其他任务之外，华尔街如今还开始经营炮弹、大炮、潜水艇、毛毯、衣服、鞋子、肉类罐头、小麦，以及其他成千上万种商品，对于打一场大战来说，这些都是必不可少的东西。这一新的角色把一位美国商人带上了前台，迄今为止此人尚名不见经传。在寻找执行这一购买活动的最佳人选的过程中，摩根公司发现了钻石火柴公司总裁爱德华·R.斯特蒂纽斯(Edward R. Stettinius)。反过来，斯特蒂纽斯又到美国产业界去搜寻在执行这一巨大任务上能够协助自己的最佳人选，结果是，他拉起了一支175人的队伍，把他们组织成了一个部门，唤作“S. O. S.”，有人则称之为“斯特蒂纽斯的奴隶”(Slaves of Stettinius)。没过多久，这个团队就发现，他们正以每天1 000万美元的速度购买供应品。在很大程度上，这家中介机构所经营的物资是此前美国从未做过的，至少就其客观的数量而言是这样的。他们不得不大规模地扩大现有的军需工厂，建造了数百家全新的工厂。美国工业迅速而令人满意地让它自己适应了新的需求，许多从未生产过任何军需品的公司很快就实现了完美的转型。这项工作做得如此成功，以至于到1917年9月，摩根公司共购买了超过30亿美元的商品和军需品，除此之外，还销售了20亿～30亿美元的从前被欧洲投资者持有的美国证券。

英国政府直接与之打交道的还有一位美国工业大亨。他的名字我们在前面已经多次提到过。实际上，美国商人在英国最为知名的，除J. P. 摩

20 世纪初的华尔街

根之外，接下来就要算是查尔斯·M. 施瓦布了。英国人甚至比美国人更懂得伯利恒钢铁公司及其领导人的制造天才拥有什么样的分量。当基奇纳(Kitchener)成为陆军大臣的时候，他最早的行动之一就是发电报给施瓦布，请求他搭乘下一班轮船前往英国。几天之后，施瓦布就与基奇纳在英国陆军部举行了闭门会谈。基奇纳的要求简明扼要。施瓦布能供应多少炮弹？100 万发？行。要花多长时间？10 个月。施瓦布能否提供大炮？没问题，而且很快。就这样，基奇纳列举了他所有的要求，施瓦布则保证伯利恒钢铁公司全都能办到。就在为时几天的会议临近结束的时候，基奇纳触及了一个微妙的关键点。他说，他对伯利恒钢铁公司只有一个忧虑，即德国财团可能会收购它。施瓦布立刻提出签订一项协议：只要英国的合同在履行过程中，伯利恒钢铁公司就不会卖给任何人。就这样，这个有着德国名字的美国制造商成了英国政府最强大的工业同盟者之一。根据普遍的估计，在不到两年的时间里，施瓦布装运了差不多 3 亿美元的战时物资给英国。为了做这件事，他极大地增加了设备投入，以至于伯利恒钢铁公司眼下成了一家比克虏伯还要大的军需工厂，仅施瓦布的造船厂，其产能按吨位计算比德国所有造船厂都要大。他的一项特别引人入胜的壮举就是生产了 20 艘潜艇，把它们送往加拿大的港口，然后在那里拼装，再在它们自己的动力驱动下驶过大西洋。大约一年后，德国把潜艇“德意志”号派到美国，到处宣扬它的性能，仿佛它是某种前所未有的玩意儿似的。

所有这些工作，尽管对促进协约国的事业都很有价值，但有一个结果更加重要，即它为这场战争准备了一个金融美国。当1917年4月6日国会宣战的时候，作为一个国家，美国为参与这场大冲突所做的准备并不多。美国有陆军，但只是一副骨架子；美国有海军，但其人员与舰船的效率都完全不足以应对这场危机；美国几乎没有国家商船队。美国只有一个地方真正做了一些准备，那个地方几十年来多半是这个国家最不受欢迎的地方。从1914年8月起，华尔街就显示出了一种姿态，这一姿态完全比得上美国人生活中那些曾恶意攻击商业与工业的因素。除了一两个德国犹太人银行家族之外，整个华尔街都强烈同情协约国。华尔街在为协约国融资上所起到的作用，为它在美国参战时期所做的工作奠定了基础。1914年，战争的爆发在欧洲的商业和金融中制造了最疯狂的混乱：股票下跌，货币利率上升，工业因瘫痪而暂停。正如我们已经看到的，防止整体崩溃的惟一办法就是采取延期偿付的手段。但美国宣战的时候华尔街却没有出现这样的混乱。股票市场不降反升——人们为此而欢呼喝彩，他们普遍把这看作战争胜利的好兆头。美国从未像现在这样获得过如此牢固、如此卓越的金融地位。不出两年，美国就已经不再是债务国了，如今欧洲反倒欠了美国一大笔债。美国借给外国政府、银行家和商人的钱将近20亿美元，然而，钱在纽约是如此充足，以至于投资银行家们因为找不到足够多的有价证券提供给他们的消费者而叫苦不迭。据估算，1914年英国和法国所持有的40亿美元美国有价证券中，美国自己只买下了10亿美元，另外30亿美元都被英国和法国政府作为抵押用来贷款了，同时还留有7 000万美元的债券放在政府的国库里，以备不时之需。因此不再有任何这样的危险：这些股票和债券会突然以灾难性的后果在美国市场上倾销。战争刚开始的时候，美国的黄金储备约合18.87亿美元，而到了1917年1月，这个数字增长到了25.63亿美元。而且，不存在欧洲把这些黄金吸引走的可能性。

在建议宣战的时候，威尔逊(Wilson)总统说，美国应该给予协约各国以“最慷慨的金融信用，为的是让我们的资源能够尽可能地增添到他们的资源上”。起初人们认为，美国对协约国的主要帮助大概是金融和工业方面的帮助。有些德国人(他们比普鲁士军国主义者和外交官更开明)并没有以漠不关心的态度对待这样的帮助。1917年，德国商船队的创立者阿尔伯特·巴林(Albert Ballin)说：“我们疯了，我们做了一件损失惨重的事情，这件事情会让我们整整一代人的经济生活蒙上阴影。面对盎格鲁一撒克逊人(他们肯定讨厌我们出现在他们当中)，我们如何来恢复我们的对外贸易呢？从汉堡到巴格达之间的所有胜利、所有冤魂，都帮不了我们。”

“简直不可思议”，这是伦敦一位观察者对华尔街平静从容地接受宣战的评论。但没等事情前进得太远，有一点就变得明显了：华尔街的这一态度被证明是正确的。

美国最早对局势产生明显影响的介入方式，就是直接肩负起了一直由英国承担的为协约国融资的重担。两年半来，英国不仅支付了她自己的费用，而且还大规模地给法国、意大利、俄罗斯、比利时、塞尔维亚及其他协约国垫款。美国不仅承担了这些责任，而且还开始预付给英国巨额资金。这些并不是经济援助，像皮特(Pitt)在拿破仑战争中提供给英国盟友的钱一样，它们是借款。实际上，美国把它的贷款交给它的参战国伙伴任意支配。它在美国市场上销售自己的债券，把这样获得的钱付给欧洲列强，以同样的利率兑换它们的债券。这一运作的实际结果就是为英国、法国及其他借款者省下了大笔的利息。有几项批准美国发行债券的法案都包含这样的规定：授权财政部为外国政府提供这些借款。然而在1917年4月，大概很少有人能想象到这些借款的数额会如此巨大。在不到两年的时间里，美国除了花费巨额资金用于自己的军事准备之外，还能够借出将近100亿美元给欧洲各国政府，仅仅这个事实，就能让人想到：美国在这场欧洲冲突中动用了多么巨大的资源。尽管这些支出大得几乎不可想象，但从所有的外部迹象判断，这个国家并没有忍受什么不适，几乎没有任何麻烦，没有迹象表明美国人不能无限期地承受这样的负担。

事实是，与1914年的美国相比，1919年的金融美国是一个完全不同的国家。连续不断的债券发行，把美国转变成了一个投资者的国度。尽管美国金融在中立时期已经取得了长足的发展，但1917年依然有很多悲观主义者，他们断言，首期20亿美元的“自由公债”不可能成功发行。在美国，浮动利率公债的发行一直几乎专门是由银行来承担的。从历史观点上说，这一断言并不完全正确。事实上，在英国被证明为十分成功的公众认购的方法主要是美国发明的。第一个使用这种多少有点惊人的方法销售国家债券给小散户的人，是美国内战时期的大金融家杰伊·库克(Jay Cooke)。库克最引人注目的壮举——大概也是欧战爆发之前同类行为中最引人注目的——是他成功地销售了4亿美元的1863年的“五二〇债券”。正如我们在前面的章节里所描述的，为了销售这批债券，库克招募了一支两三千人的推销团队，他们走村串巷，足迹遍布整个美国，挨家挨户地恳求，利用传单、海报、乐队和游行进行广告宣传。然而，库克尽管干劲十足，但最后要卖掉这些债券却需要打一场持久战。此外，这些债券带来的收入远远小于票面价值，而利率却很高——6%。到 1917 年，当财政部长开始用同样强有力的方法筹集 20 亿美元的时候，库克的这一业绩早已被公众忘得一干二净。起初，那些预言失败的人所做出的悲观预测似乎被证明是对的。华盛顿做出了一个错误的宣告：公众对债券的认购很快就要超额了。这一宣告自然让公众有点心灰意冷。然而，华尔街的金融财团马上抛弃了例行的商业程序，动用他们所有的手段来支持这次借款。在最后的几天时间里，认购达到了惊人的速度，结果，原本要求认购 20 亿美元，而公众向政府提出的申请却超过了 30 亿美元。以后的借款（总额迅速增长）同样惊人地成功，高潮在 1918 年 11 月的停战前夕到来，当时，作为三个礼拜宣传活动的结果，仅在一次发行活动中，美国人就认购了将近 70 亿美元的债券。这是有史以来最大的一笔借款。

全体美国人——从华尔街的大银行家族到杂耍演员——的共同努力使得这些借款大获成功。这些成功表明，华尔街不再是一个被限定了范围的地理区域，而且——不妨把它设想成一个代表美国金融资源的短语——它还包括这个国家的每一座城镇、每一家农场、每一个十字街口。事实上，这场战争一个最令人满意的副产品就是这样一个事实：它把美国人生活中很多迄今为止一直风马牛不相及的因素整合到了一起。它甚至稍稍减少了人们普遍对华尔街的抵触情绪。美国的“金钱势力”要对很多罪行负责，任何理性的人都不会否定这一点。对富豪势力来说幸运的是，战争让他们有机会向世人表明：他们首先也是美国人，他们把国家的威望和尊严置于了个人所有的卑鄙考虑之上。只有少数一目了然的煽动家和亲德分子才声嘶力竭地高喊：这场斗争是“华尔街的战争”。华盛顿政府起初显示出了对“利益集团”的某种猜疑，一度试图改组它的各个部门，准备在没有“大企业”帮助的情况下打这场大战。事实证明，这一很不友好的部署，对于美国的事业来说几乎是灾难性的。在造船和造飞机的事情上，这一点表现得最明显不过了——这两件事情对于胜利来说似乎是绝对不可缺少的。一年来，这两个部门一直由那些完全不胜任这项工作的人在管理。早些年英国有过类似的经历。当战争开始的时候，英国也发现，其所有大的部门都是由政治家在领导，这些人实际生活中的历练很少，因此没有能力处理所有现代事业中最巨大的事业——战争。英国逐渐把这些人淘汰掉了，取代他们的大部分是商业领袖。最后，威尔逊总统采纳了同样的观点。说来也怪，最早接受任命，从华尔街走上华盛顿重要岗位的人，恰好属于那个招致总统不信任的阶层。伯纳德·巴鲁克(Bernard Baruch)一辈子主要是华尔街的一位经纪人，而且是一位非常成功的经纪人，这是真的，但他完全没有接受过那种“建设性”意义上的商业训练。就连华尔街本身，当它得知威尔逊总统任命巴鲁克为战时工业委员会主席的时候，也不由得倒吸了一口凉气，而且，正是这个人将为美国和协约国在这个国家执行大多数购买决策。不过，华尔街的性情气质还是有很大的适应性，一个明显的证据就是：巴鲁克尽管缺乏实际经验，他的差事却干得很成功。当战争结束的时候，这位官员购买战时物资的速度已经达到了一年100亿美元，毫无疑问是全世界最大的“买主”。

伯纳德·巴鲁克(1870～1965)

威尔逊另外还任命了两位来自华尔街的人，这两项引人注目的任命起初赢得了很大的赞许。在“飞行器计划”失败之后，威尔逊让安纳康达铜矿公司总裁约翰·D. 赖安来负责这项工作。结果是这个部门立即焕然一新，尽管没等到赖安有机会证明自己大功告成，战争就结束了。不过，赢得最大胜利的华尔街人，多半要算是查尔斯·M. 施瓦布了。威尔逊拿海运委员会搞了一年多损失惨重的实验，这个部门接二连三的失败，险些让美国人及其盟友灰心丧气。如今有一个人，而且是惟一的一个人，最适合这项工作。最终，威尔逊派人请来了伯利恒钢铁公司的总裁。起初，施瓦布说，对他来说，承担这项任务是绝对不可能的。总统要求他作出解释，他宣称自已不是政治家，他坚持要进行的激烈改组将会非常不受欢迎。总统立即告诉他，他将有绝对的自主权，可以放开手脚干，惟一要他做的事情就是造船。施瓦布依然很犹豫，他告诉总统，他要采取的第一个步骤将是把海运委员会的总部从华盛顿迁到费城。据说，总统的回答是："你就是把它搬到卡拉马祖去也没关系，只要你能造出船来。"这一非常令人满意的态度说服了施瓦布。他走马上任，以他典型的热情和活力来做这件事，很快，轮船就大批地下水。说施瓦布的任命决定了潜艇战的命运大概并不过分。

就这样，华尔街的声望得到了极大的提升，从这场战争中脱颖而出。如果没有任由政府随意处置的金融支持，没有美国自1865年来所发展起来的庞大的工业组织，那么美国在这场战争中的价值也许就微不足道了。

译名索引

A

B

Carleton, Guy　盖伊·卡勒顿

Carnegie, Andrew　安德鲁·卡内基

Cassatt, Alexander J.　亚历山大·J. 卡萨特

Chambers, John　约翰·钱伯斯

Champlain　尚普兰

Christiana　克里斯蒂安娜

Clinton, George　乔治·克林顿

Colden, Cadwallader　卡德瓦拉德·科尔登

Coleman, William　威廉·科尔曼

Colve, Anthony　安东尼·科尔瓦

Conneaut　康尼奥特

Connellsville　康奈尔斯维尔

Contee, Benjamin　本杰明·康蒂

Cooke, Jay　杰伊·库克

Cosby, William　威廉·科斯比

Coster, Charles H.　查尔斯·H. 科斯特

Courtney　考恩蒂

Coventry, Mary　玛丽·考文垂

Cox, William　威廉·科克斯

Cresson　克里森

Culbertson, James　詹姆斯·卡伯特森

D

Dabney, Charles H.　查尔斯·H. 达布尼

Dam, Rip Van　瑞普·范·达姆

Dane, Nathan　内森·戴恩

Daubeney, Lloyd　劳埃德·多布尼

Davison, Henry P.　亨利·P. 戴维森

De Lancey, Etienne　伊什尼·德兰西

De Lancey, James　詹姆斯·德兰西

De Lancey, Stephen　斯蒂芬·德兰西

Dongan, Thomas　托马斯·唐甘

E

F

G

Griffin, Cyrus 赛勒斯·格里芬

H

Hamilton, Alexander 亚历山大·汉密尔顿
Hamilton, Andrew 安德鲁·汉密尔顿
Hancock, John 约翰·汉考克
Hardy, Charles 查尔斯·哈代
Harriman, Edward H. 爱德华·H.哈里曼
Harrison, Francis 弗朗西斯·哈里森
Hartford 哈特福德
Hawley, Edwin 埃德温·霍利
Hays, DeWitt C. 德威特·C.海斯
Heinze, F. Augustus F.奥古斯塔斯·海因策
Hill, James J. 詹姆斯·J.希尔
Hoffman, Josiah Ogden 约西亚·奥格登·霍夫曼
Homestead 霍姆斯特德
Huger, Daniel 丹尼尔·休格
Hughes, Charles E. 查尔斯·E.休斯
Huntington, Collis P. 科利斯·P.亨廷顿
Hyde, Henry B. 亨利·B.海德

I

Inglis, Charles 查尔斯·英格里斯
Irvin, William 威廉·欧文
Irving, John T. 约翰·T.欧文
Irving, Peter 彼得·欧文
Irving, Washington 华盛顿·欧文
Izard, Ralph 拉尔夫·伊泽德

J

Jackson, Henry 亨利·杰克逊
Jauncey 杰安西

Jay, John　约翰·杰伊
Jefferson, Thomas　托马斯·杰斐逊
Johnson, William Samuel　威廉·塞缪尔·约翰逊
Jones, Paul　保罗·琼斯

K

Keene, James R.　詹姆斯·R. 基涅
Kelly, William　威廉·凯利
Kent, James　詹姆斯·肯特
Kidd, William　威廉·基德
Kieft, Willem　威廉·凯夫特
King, Rufus　鲁弗斯·金
Kitchener　基奇纳
Kloman, Andrew　安德鲁·克罗曼
Knight, John　约翰·奈特
Knox, Henry　亨利·诺克斯
Knyphausen　克尼普豪森

L

L'Enfant, Pierre Charles　皮埃尔·查尔斯·朗方
La Montagne　拉·蒙塔格内
Lamb, John　约翰·兰姆
Landais　兰代斯
Lawrence, John　约翰·劳伦斯
Lee, Charles　查尔斯·李
Lee, Richard Bland　理查德·布兰德·李
Lee, Richard Henry　理查德·亨利·李
Lewis, Morgan　摩根·刘易斯
Livingston, Brockholst　布洛克霍尔斯特·利文斯通
Livingston, John R.　约翰·R. 利文斯通
Livingston, Lewis　刘易斯·利文斯通
Livingston, Philip　菲利普·利文斯通

Livingston,Robert　罗伯特·利文斯通

Louisville　路易斯维尔

Lovelace　拉夫罗斯

Low,Isaac　艾萨克·洛

Ludlow　拉德洛

M

Madison,James　詹姆斯·麦迪逊

Mather,Samuel　塞缪尔·马瑟

McCall,John A.　约翰·A. 麦考尔

McCormick,Daniel　丹尼尔·麦考密克

McCurdy,Richard A.　理查德·A. 麦柯迪

McDougall,Alexander　亚历山大·麦克道格

McEvers,James　詹姆斯·迈克厄佛斯

McKean,Thomas　托马斯·迈克基恩

Merritt,Louis　路易斯·梅里特

Mesaba　梅萨巴

Miller,Thomas N.　托马斯·N. 米勒

Millington,John　约翰·米灵顿

Mills　米尔斯

Milwaukee　密尔沃基

Monckton　蒙克顿

Monroe,James　詹姆斯·门罗

Moustier　蒙斯蒂尔

Moore,Henry　亨利·穆尔

Moore,James H.　詹姆斯·H. 穆尔

Moore,William H.　威廉·H. 穆尔

Morgan,John Pierpont　约翰·皮尔庞特·摩根

Morgan,Junius Spencer　朱尼厄斯·斯宾塞·摩根

Morris,Gouverneur　古维诺尔·莫里斯

Morris,Robert　罗伯特·莫里斯

Morton,Levi P.　莱维·P. 莫顿

Phoenix, Daniel　丹尼尔·菲尼克斯

Pinckney, Charles　查尔斯·平克尼

Pitt, Willem　威廉·皮特

Poppenhusen, Adolph　阿道夫·帕本休森

Prior, Adam　亚当·普赖尔

Pyne, Percy R.　珀西·R. 派恩

R

Ramage, John　约翰·拉梅奇

Ream, Norman B.　诺曼·B. 里姆

Reid, Daniel G.　丹尼尔·G. 里德

Revere, Paul　保罗·里维尔

Riedesel　雷德塞尔

Robertson　罗伯逊

Rockefeller, John D.　约翰·D. 洛克菲勒

Rockefeller, William　威廉·洛克菲勒

Rodgers, John　约翰·罗杰斯

Rogers, Henry H.　亨利·H. 罗杰斯

Roosevelt, Cornelius　科尼利厄斯·罗斯福

Roosevelt, Nicholas　尼古拉斯·罗斯福

Rothschild, Nathan　内森·罗斯柴尔德

Rousby, Christopher　克里斯托弗·罗斯比

Rutledge, John　约翰·拉特利奇

Ryan, John D.　约翰·D. 赖安

Ryan, Thomas F.　托马斯·F. 赖安

S

Sage, Russell　拉塞尔·塞奇

Sam, Black　布莱克·萨姆

Santa Fe　圣达菲

Savannah　萨凡纳

Schiff, Jacob H.　雅各布·H. 希夫

T

V

Vanderbilt, William H.　威廉・H. 范德比尔特

Vanderlip, Frank A.　弗兰克・A. 范德里普

Varick, Richard　理查德・瓦里克

Venango　韦南戈

Verplanck　维普朗克

Villard, Henry　亨利・维拉德

W

Wabash　瓦伯什

Walters, Henry　亨利・沃尔特斯

Washington, George　乔治・华盛顿

Webb, Samuel Blatchley　塞缪尔・布拉奇利・韦布

Wessel, William　威廉・威塞尔

West, Benjamin　本杰明・韦斯特

Whitefield　怀特菲尔德

Whitney, William C.　威廉・C. 惠特尼

Willett, Marinus　马里努斯・威勒特

Winthrop　温思罗普

Wolfertsen　沃尔弗特森

Woodward, James T.　詹姆斯・T. 伍德沃

Wright, J. Hood　J. 胡德・莱特

Z

Zenger, John Peter　约翰・彼得・曾格

《标准普尔选股指南》
定价：31.00元

《铁血并购——从失败中总结出来的教训》
定价：42.00元

《先知先觉——如何避免再次落入公司欺诈陷阱》
定价：29.00元

《戈尔康达往事——1920~1938年华尔街的真实故事》
定价：33.00元

第三辑

《大熊市——危机市场生存与盈利法则》
定价：28.00元

《共同基金必胜法则——聪明投资者的新策略》
定价：42.00元

《华尔街传奇》
定价：26.00元

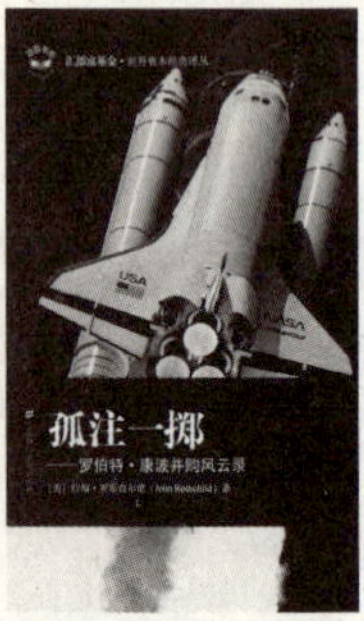

《智慧——菲利普·凯睿的投机艺术》
定价：28.00元

《投资游戏——一位散户的投资之旅》
定价：30.00元

《孤注一掷——罗伯特·康波并购风云录》
定价：32.00元

地址：上海市武东路321号乙　　邮编：200434　　网址：www.sufep.com
电话：021-65904895　021-65903798　021-65904705　　传真：021-65361973